KB265286

재미있고 즐거운 심리학

시라이시 고우이찌 지음
박 달 규 번역

머리말

　일본의 저명한 심리학자이자 대학교수인 시라이시 고우이찌(白石浩一)씨가 저술한 본서 "재미있고 즐거운 심리학"은, 일본 서점가에 등장하기가 무섭게 날개 돋히듯이 팔려나가 계속 증판을 거듭하여 83쇄에 이르는 초 베스트셀러의 자리를 굳혔습니다.

　이러한 시기에 일본을 찾았던 본인이 시간을 내어 시라이씨를 만나 본서의 한국어판 출간의사를 비쳤더니 그가 흔쾌히 허락해 주어 다소 늦은감은 있지만 금번 이책을 번역하여 내놓게 되었습니다.

　일반적으로 심리학 하면 대부분의 사람들이 어렵고 난해(難解)한 학문으로 치부해 버리는 경향이 있지만 이 책만큼은 한 번 손에 들면 좀처럼 놓기 싫은 재미와 흥미에 도취하게 될 것입니다.

　특히 본서에서 소개되는 '남성의 심리'와 '여성의 심리'는 아주 리얼하고도 섬세하게 묘사되어 있어서 이성(異性)을 이해하고 참고하는데 크게 도움이 되리라고 짐작합니다.

　그리고 테마 Ⅲ이 다루고 있는 남성과 여성의 성격분석은 심리학계의 권위있는 학자들의 논리와 실험결과를 무리없이 원용하여 체계적으로 잘 소화 시켰다고 생각합니다.

끝으로 남녀의 상성(相性)을 설명하는 대목에서 애니머(anima)와 애니머스(animus)를 절묘하게 접목(接木)시킨 부분은 참으로 긍정적인 논리라고 하겠습니다.

어쨌든 남성이 여성의 심리를 이해하고, 여성이 남성의 심리를 이해 한다는 것은 행복한 가정생활과 진실된 남녀교제를 위해서라도 꼭 필요한 요소라고 생각합니다.

옮긴이

한국산업훈련연구소
회장박 달 규

차 례

● 저자서문 / 1

● 역자서문 / 2

● 차　　례 / 3

Ⅰ. 남성 심리 연구

1. 왜 남자들은 고집을 부리고 싶어 하는가 …………………………… 9

2. 왜 남자는 뽐내기를 좋아하는가 ……………………………………… 12

3. 왜 남자는 아는 체 하고 싶어 하는가 ……………………………… 16

4. 왜 남자는 잘 흥분하는가 ……………………………………………… 19

5. 왜 남자는 허풍을 떠는가 ……………………………………………… 22

6. 왜 남자는 도박성이 강한가 …………………………………………… 25

7. 왜 남자는 한 턱 내기를 좋아하는가 ……………………………… 29

8. 왜 남자는 프로야구를 좋아하는가 ………………………………… 32

9. 왜 남자는 놀이에 열중하는가 ……………………………………… 35

10. 왜 남자는 못된 꾀를 피우는가 …………………………………… 38

11. 왜 남자는 화장실에서 신문을 읽는가 …………………………… 40

12. 왜 남자는 폭군처럼 행세하는가 ………………………………… 43

13. 왜 남자는 애정표현이 서투른가 ………………………………… 46

14. 왜 남자는 음란한 이야기를 좋아하는가 ……………………… 49

15. 왜 남자는 여자의 몸에 닿고 싶어 하는가 …………………… 53

16. 왜 남자는 여자의 나체를 보고 싶어 하는가 ·······················57
17. 왜 남자는 여성에게 시선을 주는가 ································59
18. 왜 남자는 동시에 두 사람의 여성을 사랑할 수 있는가 ·············62
19. 왜 남자는 상대편 여성에게만 순결을 강요하는가 ··················66
20. 왜 남자는 질투를 하지 않는 듯한 태도를 취하는가 ················69
21. 왜 남자는 여자의 과거 이야기를 듣고 싶어 하는가 ···············72
22. 왜 남자는 연애와 결혼을 구별하고 싶어 하는가 ··················76
23. 왜 남자는 직업여성에게 순진함을 바라는가 ·······················78
24. 왜 남자는 공처가가 되기를 원하는가 ····························81
25. 왜 남자는 부인의 출산을 수줍어 하는가 ························84

II. 여성 심리 연구

26. 왜 여자는 눈물을 잘 흘리는가 ································89
27. 왜 여자는 무의미하게 웃는가 ·································92
28. 왜 여자는 유행에 약한가 ····································95
29. 왜 여자는 하찮은 것을 기억하고 있는 것일까 ·················99
30. 왜 여자는 육감에 뛰어난가 ································· 102
31. 왜 여자는 논리성이 결여되고 있는가 ·························106
32. 왜 여자는 털어놓고 이야기하는 것을 좋아하는가 ···············109
33. 왜 여자는 공상을 즐기는가 ·································111
34. 왜 여자는 소문을 퍼뜨리기를 좋아하는가 ····················115
35. 왜 여자는 허영심이 강한가 ·································119
36. 왜 여자는 집념이 강한가 ···································121
37. 왜 여자는 히스테리를 일으키는가 ···························125
38. 왜 여자는 싼 가격에 홀딱 반하는가 ·························129
39. 왜 여자는 전화로써 긴 얘기를 하는가 ·······················132
40. 왜 여자는 방향감각이 둔한가 ·······························135
41. 왜 여자는 점괘에 관심을 기울이는가 ························137
42. 왜 여자는 게걸들린 사람처럼 먹기를 좋아하나 ················141
43. 왜 여자는 독선적인 점이 많을까 ···························144

44. 왜 여자는 남자를 애태우게 해 놓고 기뻐하는가······147
45. 왜 여자는 아니꼬운 사나이에게 반하는가 ······150
46. 왜 여자는 무드에 약한가 ······153
47. 왜 여자는 사랑하는 남자를 싫어하는 체 하는가······157
48. 왜 여자는 강압적인 남자에게 약한가 ······160
49. 왜 여자는 키가 작은 사나이를 싫어하는가 ······162
50. 왜 남자와 여자는 다른가 ······165

Ⅲ. 남성과 여성

남녀의 성격특성 ······171
남성도·여성도 ······174
성도(性度)와 학력, 직업 등과의 관계 ······178
성격의 차이는 선천적인 것인가 ······181
남녀의 우열(優劣) 논쟁 ······185
차이는 사회에 의하여 만들어진다 ······188

Ⅳ. 애니머와 애니머스

남녀의 상성(相性)······199
양성(兩性)의 구유(具有) ······201
애니머(Anima)란 무엇이고 애니머스(Animus)란 무엇인가······202
영원의 여성상(女性像) ······204
연애의 4단계 ······207
연애는 요물(妖物) ······211
이상적인 남자인가 우상(偶像)인가······213
소녀의 연정(戀情)·숙녀(熟女)의 사랑 ······216
애니머 여성 ······220
애니머스 여성 ······224
여성에 있어서의 앞으로의 과제 ······227

I

남성 심리 연구

Ⅰ. 남성 심리 연구

1. 왜 남자들은 고집을 부리고 싶어 하는가

"내 생각을 막지 마시오./ 이건 사나이의 의지입니다.…"라든가 "이 것이 사나이의 뜻입니다.…"이라든가 하면서 남성들은 어쨌든 고집을 부리려고 합니다.

이처럼 남자들은 자기주장에 대하여 고집을 부리려는 경향이 있습니다. 이러한 고집이 건설적인 일이나 의의가 있는 일이라면 몰라도 그렇지 못한 일에 발휘되는 경우가 많습니다. 특히 우리 나라의 남정네들은 이러한 경향이 짙어 하찮은 일에도 걸핏하면 "남자의 체면이 서지 않는다"든가 "얼굴이 깎인다"는 둥 체통을 세우려고 합니다.

어느 작가가 쓴 '도련님'이라는 작품의 한 대목을 소개합니다. 어느 학교의 두 선생님이 하찮은 일로 말다툼을 하다가 그것이 극한상태로까지 발전했습니다. 이때 한 선생님이 "아까 당신이 사 준 점심값은 내가 이 자리에서 갚겠소"

"아니야 그것은 내가 한 턱 낸 것이므로 받을 수 없오./"

하면서 돈을 주거니 받거니 고집을 피우다가 결국 이 돈이 두 선생이 앉아 있는 책상 중앙의 경계선상에 방치되어 그 돈 위에 먼지가 뽀얗게 앉도록 며칠이 지나도 서로가 집을 생각을 하지 않습니다.

이 작품을 읽은 미국의 저명한 문화인류학자는 "그와 같은 심리를 우리로서는 도저히 이해할 수가 없습니다. 우리 나라 같으면 정신과 병원에 입원한 환자에게서나 찾아볼 수 있는 현상입니다."라고 꼬집었습니다.

왜 남자란 그토록 융통성이 없는 동물일까요?

그 첫번째 이유는, 남성은 여성보다도 훨씬 '원리주의자(原理主義者)'라는 사실 때문입니다.

즉 남성은 원리나, 원칙, 신조 따위를 중시하고 있으며 이에 집착하는 성향을 지니고 있습니다. 더 쉽게 설명한다면 자기류(自己流)의 방식을 밀어붙이려고 하는데——이로 인하여 종종 본말이 전도되어 본래의 목적이 뒷전으로 밀려나고 자기류의 주장만을 고집하는 경향이 있습니다. 따라서 그러한 고집 때문에 마침내 자승자박(自繩自縛)이 되어 곤경에 빠지게 되기도 합니다.

이와 같은 희극(?)을 연출하게 되는 것은 둘째로, 남성은 어린애와 같은 존재이기 때문입니다. 같은 남성이라도 영국의 남성들은 체면을 버리는 한이 있더라도 열매를 딴다는 실리주의를 택하는 경향이 있습니다.

중국의 남성들도 "군자는 표변(豹變)한다"라는 임기응변의 진리를 존중합니다.

그런데 마치 양반의 전통을 계승이나 하려는 듯 우리 나라 남성들은 그러한 탄력성과 유연성이 결여되어 있습니다. 미련스럽게 마냥 버티거나 오기로 견디며 참아냅니다. 이렇게 하는 것이 모양새가 좋다는 미의식을 우리 나라 남성들은 지니고 있습니다.

그렇기 때문에

"나와 헤어지고 싶으면 언제라도 좋아 !"

이런 식으로 애인에게 허세를 부리거나 합니다. 그러나 진심은 그게 아닙니다.

'그녀에게 좋아하는 남자라도 생기지 않았을까. 요사이 전화가 끊어진 걸 보니 아무래도 이상해……'

이렇듯 속마음은 편안하지 못하면서도 자기 쪽에서 전화를 거는 것은 필사적으로 참습니다.

"떠나는 사람에게 구지 애원같은 건 하지 않는다. 그런 여자에겐 미련조차 없어 !"

미련을 갖는 자체를 사나이의 수치라고 생각하고 있는 것입니다. 남자들 사이에는 몇 가지의 불문율(不文律)이 있으며 그런 것을 실행하게 되면 친구들로부터

"자넨 역시 사나이다워✔ 잘했어✔"

라고 평가를 받게 되는 것입니다.

그렇기 때문에 여성이 사랑하는 보이프렌드에게 절대로 해서는 안될 금구(禁句)가 다음의 세 가지 말인데 이 세 가지 말은 동시에 여성이 싫어진 남자에게 대한 가장 효과적인 말이기도 합니다.

첫째, "당신은 째째해요✔"

둘째, "당신은 사내답지 못해요✔"

셋째, "당신은 너무 치근치근해요✔"

남성에게 있어서 여성으로부터의 이와 같은 말은 남자다운 근본적인 성격의 상실을 의미하는 것과 같은 것입니다.

이 밖에도 남성은 걸핏하면 정색하고 대드는 기질, 그리고 유달리 지기를 싫어하는 성질도 있는데 이것도 남성들의 특징이라고 하겠습니다.

그러나 고집이 세고, 지기 싫어하는 남자들이기는 하지만 때로는 어처구니 없이 약한 면을 보일 때도 있습니다.

여성 여러분✔ 쓸데없이 고집을 부리는 사나이가 있으면 따뜻하게 잘 타일러 주십시오.

2. 왜 남자는 뽐내기를 좋아하는가

이 질문에 대한 답변은 "남자는 '사회적 승인욕구'가 강하며 거기에다 '소아성(小兒性)'이 잔존해 있기 때문이다"라는 것이 됩니다.

사회적 승인욕구라는 말은 A. I.게이츠라는 심리학자가 처음으로 사용한 것으로서 자신이 타인으로부터 존중을 받거나 칭찬을 받으므로써 만족감을 얻게 된다는 욕구입니다.

이와 같은 욕구가 전향적(前向的) 자세로 발휘되면 남성 특유의 힘이 솟아나 매우 바람직스러운 것이 되지만 유감스럽게도 비교적 많은 남성들이 소아성 자기현시욕(自己顯示慾)에 사로잡혀 우스꽝스러운 거드름을 피우는 것입니다. 출신학교를 내세우기를 좋아하며 분수에도 맞지 않은 회전의자를 탐내며 사람들을 턱으로 부리고 싶어하는 것 등등입니다.

 일반적으로 훌륭한 사람일수록 뽐내지 않습니다. 왜냐하면 새삼스럽게 뽐내 보이지 않더라도 사회적 승인을 충분히 얻고 있기 때문입니다. 그리고 주위 사람들이 무엇이라고 평가해도 자기자신을 신뢰하는 마음을 지니고 있기 때문입니다.

 직장의 예를 든다면 중역급이나 우두머리 클라스는 대체적으로(굴론 예외도 있겠지만) 겸손하며 정중합니다. 그런데 수위급 중에는(이것도 전부라고 하기는 곤란하지만)

 "여보! 여보! 어디를 함부로 가는 거요! 내 허락도 없이……"

 하는 식으로 잘난 체 합니다. 역시 캐리어가 낮은 사람에게서 흔히 찾아볼 수 있는 모습입니다.

 이와 같은 현상은 자기의 존재를 과시하여 인정을 받고 싶어 하기 때문입니다. 평소 부장으로부터 눌려지내던 무능한 과장은 틈만 있으면 부하들을 못살게 굴며 뽐냅니다. 권위에 짓눌려 맥을 못추던 부하들은 집에 돌아가서는 애꿎은 부인에게 가장의 행세를 톡톡히 해냅니다. 이와 같이 사람들은 사회적 승인에 대한 욕구불만을 기회 있을 때마다 발산시키려 하는 것입니다.

 그러므로 뽐내는 일은 종종 열등감의 반동형성작용(Reaction formation)으로 나타나는 경우도 있습니다. 꼭 그렇다고는 할 수 없으나 어쨌든 자신감 결여와 연관되어 있습니다.

 진짜 훌륭한 위인들은 약자를 괴롭히지도 않으며 오히려 감싸주는 것입니다. 일반적으로 위세 중에는 다분히 허세의 요소가 함축되어 있

습니다. 가령 고졸 출신이라는 콤플렉스에 빠져 있는 고참사원이 대졸 출신의 신입사원을 호되게 대한다든가, 약소국가일수록 체면에 구애되어 고자세가 되는 경우가 많습니다.

뽐내는 방법에도 사람마다 성격에 따라 독특한 타입이 있습니다. 그 하나는 자신의 미점, 장점을 자랑하는 과시형이 있습니다. 이것은 자기현시성(自己顯示性) 성격의 소유자로서 허영심에 가득찬 사나이에게서 많이 찾아볼 수 있는 현상입니다.

"내가 자네와 같은 시절에는 그런 일이라면 하루에 해치웠단 말야"

이처럼 자신의 재능을 자랑합니다. 만일 자랑할 만한 재능이 없을 때에는 심지어 넥타이나, 시계나, 골프 도구에 대해서까지도 뽐냅니다.

"이건 이태리제, 이건 스위스제, 이건 프랑스제"라는 식으로 말입니다. 어떤 사람은 외국의 유명한 브랜드까지 들먹거립니다. 이밖에도 호주머니 사정도 넉넉치 못한 주제에 “여봐！ 웨이터！ 나폴레옹 꼬냑 한 병만……”하고 큰소리치는 자가 있는가 하면, 한 번 밖에 만난 적이 없는 유명인사를 마치 잘 아는 사이처럼 친구들 앞에서 떠 벌리는 허풍쟁이도 있습니다.

두번째로는, 상대편의 결함이나 실패를 들추어내는 지적형이 있는데 내향성 이론형의 사나이에게서 많이 발견되는 형입니다.

“내가 말을 안하려고 했지만 어찌 가만 있겠는가. ‘죄송합니다’로 그냥 넘어갈 수가 있단 말인가？”

이렇듯 책상을 두들겨가며 큰소리를 칩니다.

“자네가 쓴 글자는 도대체 돼먹지 않았단 말이야. 이 8자는 마치 3으로밖에 보이지 않아／”

“아니 그것은 확실히 3자입니다”

“뭐라구／ 이게 어째 3으로 보인다는 말인가. 누가 보아도 8이야. 앞으로 조심해／”

자못 훈계조의 말투입니다.

세번째로는, 은근히 뽐내는 겸손형입니다. 내향성 감정형의 사나이, 말하자면 인텔리 냄새를 풍기는 사람에게서 발견되는 형입니다.

“저같이 못난 사람이지만 그러나……”

하면서 은근히 자기를 과시합니다. 또는

“그렇게 칭찬을 해 주서서 부끄럽기 이를데가 없습니다”

그렇게 부끄러운 칭찬이라면 겸손해야 할텐데 오히려 당연한 것처럼 행세합니다.

그런데 가장 불쌍하고 웃기는 것은 자랑할만한 건덕지가 아무 것도 없는 주제에 뽐내며 거만하게 구는 타입입니다. 가끔 호걸풍의 웃음을 웃어대는 이런 사람을 정치가형이라고도 말합니다.

지금까지 언급한 위의 네 종류 가운데 그 어느 것인가에 해당되는 사람이 당신 주위에 없는지….

여기에서 하나의 교훈의 말을 드립니다. ——"약한 개일수록 잘 짖어댄다"고.

3. 왜 남자는 아는 체 하고 싶어 하는가

남성들은 한 가지를 알고 있으면 열 가지를 알고 있는 체 하는 성향이 있습니다. 좀 심한 경우는 알지 못하면서도 알고 있는 것처럼 행세하는 사람입니다.

"음 그래그래 피서를 가려면 하와이의 ○○호텔이 단연 제일이고, 괌도(島)라면 ××호텔이 가장 좋지！"

자신은 한 번도 가본 일도 묵어본 일도 없는 주제에 마치 낯익은 호텔처럼 입에 올립니다. 거기에다 관광에 대한 지식이 풍부하다면 또 몰라도 그렇지도 못한 위인이 대단히 조예가 깊은 것처럼 떠벌립니다. 며칠 전의 일입니다. 다방에서 커피를 마시고 있었는데——

내 옆자리에 젊은 한 쌍의 남녀가 자리를 잡았습니다. 로드쇼의 프로그램을 그들이 손에 들고 있는 것을 미루어 짐작해 볼 때 아마도 영화구경을 끝내고 돌아가는 길이었나 봅니다.

그런데 가만히 그들의 이야기를 엿듣고 있었는데 그 젊은 사나이는 마치 영화평론가인 것처럼 계속 영화에 대하여 비평을 하고 있었습니다. 즉 감독이 어쩌고 카메라 앵글이 어떻고 영화의 신이 돼먹지 않았다느니 하면서 입에 거품을 물고 지껄이고 있었습니다.

그런데 그의 이러한 이야기에 대하여 함께 온 여성이 생긋생긋 웃으면서 듣고 있었는데 나는 생각하기를 '이 여성은 정신연령이 남자보다 위에 있구나'하는 생각을 했습니다.

이런 장면의 경우 대체적으로 지껄이는 내용은 십중팔구 진부하고

고리타분하기 마련입니다. 그렇지 않으면 며칠 전에 신문이나 잡지 따위에 실려진 영화평이거나 관람평을 옮겨 놓은 데 불과합니다. 즉 빌려온 지식이라고나 할까요.

　이런 종류의 사나이들은 가령 다방 등에서 클래식 레코드를 감상하게 되면 단순히 "이 대목이 멋이 있다"든가 "이 부분이 내가 좋아하는 대목이다"라든가 하는 식의 감상만을 털어 놓는 것이 아닙니다. 한걸음 더 나아가 슈만이 몇 살 때 누구에게 바친 곡(曲)이라느니 하면서 물어 보지도 않은 해설을 곁들여 오케스트라가 어쩌느니 녹음상태가 어쩌느니 하면서 평을 합니다. 만일 이럴 때 당신이 그 자리에 있었다면

　"모짜르트의 쾨헬 753번은 어떤 곡인지 말씀해주세요"

　하고 질문을 해 보았을지도 모릅니다.

　"음 그것은…… 저 그의 만년의 작품입니다"

"그런데 그 작품은 어린이의 축제분위기를 묘사했다고 하는데 그게 정말입니까?"

"그렇습니다. 매우 밝고 명랑한 곡이지요"

이 정도로 자신이 놀림감이 되고 있다는 것을 알아차리지 못한다면 그의 머리통이 과연 어떤가를 짐작하고도 남음이 있으리라.

그럼에도 불구하고 더욱 아는 체 한다면 그것은 자신의 우월성을 과시하고 싶어하는 병리현상(病理現象)이라고 하겠습니다.

우월성이란 곧 자신의 존재성을 의미합니다. 그런 점에서 비평은 화제치고는 안성맞춤입니다. 경청하는 입장에서는 제삼자의 위치에서 이러쿵 저러쿵 마음대로 말할 수 있을 테니까 70%는 칭찬해 주고 30%는 깎아내리면 됩니다.

남자란 여성으로부터 "당신은 일가견이 있는 분이예요"라든가 "당신은 원리원칙에 충실한 분이예요"라는 말을 듣고 싶어하는 바램을 지니고 있습니다. 특히 애정을 갖고 있는 여성에게는 잘 보이려는 생각으로 꽉 차 있습니다.

따라서 당신 앞에서 상대편 남성이 열심히 아는 체 하는 유식함을 드러내놓기 시작하면 '음 저분이 나에게 호감을 지니고 있구나'하는 감을 잡아도 크게 빗나가지를 않을 것입니다. 이때 가능하다면 말없이 생각이나 감정을 나타내는 몸짓을 하며 그 말에 귀를 기울여 주도록 하십시오.

자칭 인텔리라고 자부하는 족속들은 거의 90%가 사랑을 고백하는 전단계(前段階)로써 한 번 정도는 교양의 정도를 표시하고 싶어하는 속성이 있습니다.——이것은 연애심리의 공리(公理)인 것입니다.

"여보시오! 묘한 이론일랑 집어 치우시오!"

이같이 꾸짖는 독신남성이 있다면 용서를 구합니다. 이러쿵저러쿵 남성심리에 대하여 비평을 늘어 놓는 것도 소인 역시 사나이이기 때문에 아는 체 하는 것이 아니겠습니까.

4. 왜 남자는 잘 흥분하는가

"그렇다! 오늘부터 금주금연(禁酒禁煙)이다" 이런 식으로 남자들은 걸핏하면 흥분하는 버릇을 지니고 있는데 그건 왜 그럴까요?

해가 바뀌어 정월 초하루가 되면

"금년 한해는 반드시 영어회화를 마스터하고야 말겠다"

라든가

"멋있는 애인을 꼭 찾아내겠다"

라든가 하는 식으로 '새해의 맹세'를 다지는 남성들을 우리들 주위에서 얼마든지 찾아볼 수 있습니다. 그런가하면 방 바람벽에 "하늘은 스스로 돕는 자를 도와준다"라는 식의 격언을 써 붙여 놓는 사람도 있습니다.

왜 남자들은 그렇게 흥분을 잘하는 것일까요.

그것은 한마디로 남자란 원래 낭만주의적 기질을 가지고 있기 때문입니다. 현실적으로 곰곰히 생각해 보게 되면 담배를 끊는다든가 매일 아침 거르지 않고 TV나 라디오의 강좌를 시청한다든가 하는 것은 꽤나 어려운 일인데도(할 수 있다면 벌써 했을 것인데) 어느날 느닷없이 할 수 있는 것처럼 생각한다. 참으로 알듯 하다가도 모를 일입니다. 지난날의 전력(前歷)이 형편없고 실력도 없는 주제에 내일의 자기라는 것에 희망을 거는 것.

이것은 한마디로 낭만주의자라고 부르지 않을 수가 없는 것입니다.

'내가 큰소리를 쳐보았댔자 결국 용두사미가 되고 말 것을……'

하는 식으로 기가 꺾이지 않고 '이번 만큼은' 하면서 기적(奇蹟)을 믿는 것입니다. 이와 같이 남자란 대체적으로 돈키호테적인 기질을 지

니고 있습니다. 앞날을 생각지 않고 우직하게 돌진하는 경향이 있으며 천성이 낙천적으로 되어 있습니다.

따라서 맹세했던 일이 흐지부지 되어버려도 그다지 심각하게 생각하지 않습니다.

'젠장! 또 작심삼일(作心三日)이야…… 이래선 안되겠는데'

이렇듯 머리를 극적거리며 종지부를 찍고 맙니다. 즉, '돌발성 분발 증상'을 나타낸 데 지나지 않습니다. 이러한 증상은 성격학에서 말한다면 조울성 기질의 '경조형(輕躁型)'사람 중에 특히 많습니다. 그러기 때문에 "이번으로 금연이 다섯 번째다!" 하면서도 태연한 표정을 짓는 것입니다.

그러나 그의 작심삼일을 일소에 붙인다는 것은 다소 불쌍하기도 합니다. 왜냐하면 비록 오래 지탱하지는 못했을망정 이같은 사나이는 어쨌든 전향적(前向的)인 자세를 취하고 있기 때문이니 말입니다. 여성께서도 이 점만은 인정해 주셨으면 합니다.

일반적으로 남성이란 여성보다 생활을 이론적으로 영위해가려고 하는 경향을 지니고 있습니다. 쉽게 말한다면 납득이 가는 삶을 원하고 있다는 말입니다.

'하루 하루를 무엇 때문에 살아가는지 알 수가 없어……'

이런 식의 생활을 매우 싫어합니다. 그래서 어느 훌륭한 사람의 전기나 자서전을 읽거나 그런 사람의 이야기를 듣게 되면 순간적으로 의욕을 불태우는 것입니다.

즉 자기도 그런 사람이 되고 싶다는 심리가 작용하는 것입니다——이렇게 해석해 주시면 됩니다. 대체적으로 남자들은 슬로건을 내거는 것을 좋아하는 족속들입니다.

그런데 작심삼일을 거리낌없이 되풀이하는 것은 어디까지나 본인의 자유겠지만 자신의 생활신조를 남에게 강요하는 사나이가 더러 있습니다. 이런 일은 할아버지 같은 분에게서나 찾아볼 수 있는 타입입니다.

며칠 전 나는 어느 결혼식 피로연에 초대받은 일이 있었는데 소위 내노라고 하는 사람들의 축사는 길고 훈시적(訓示的)이었음을 다시금 실감했습니다. 사실 테이블 스피치나 여성의 스커트는 짧은 것일수록 좋은 것이지만…….

"예—. 저는 신랑신부에게 새로운 인생출발에 즈음하여 세 그루의 나무를 선물하고자 합니다. 그것은 용기와 집념과 활력이라는 나무입니다. 그런데 돈이 열리는 나무는 유감스럽게도 가지고 있질 못하여 드리지 못함을 애석하게 생각합니다. 그런데 이 세 그루의 나무에 대하여 말씀드리자면……"

이런 투로 시작되고 계속되는 주례사는 무척 길고 지루했습니다. 세상에는 시시콜콜한 설교, 쓸데없는 잔소리를 늘어놓는 사람이 꽤나 많다고 감탄했습니다.

우린 서로간에 쓸데없는 참견은 하지 않는 것이 좋을 것 같습니다. 그리고 혹시 당신 주변에 '새해에 즈음하여'하고 결심을 천명하려고 하는 사람어 있더라도

"또 공염불(空念佛)이겠지. 말만 앞세우게 되면 모양새가 좋지 않을 텐데……"

라는 식으로 찬물을 끼얹어서는 안됩니다. 이것도 쓸데없는 참견이니깐요.

그러나——여성들은 남성들이 자기에게 한 맹세를 항상 경계하도록 해야 합니다.

"미라씨 저는 당신을 평생토록 사랑하겠습니다. 바람 같은 건 절대로 피우지 않겠습니다. 오늘의 이 감격! 평생토록 잊지 못할 것입니다."

이런 식의 잠꼬대 같은 남자들의 서약이나 맹세는 거의 지켜지지 못한다는 것을 명심해 두셔야 합니다.

5. 왜 남자는 허풍을 떠는가

'허풍선이'는 아무래도 여성보다는 남성쪽이 많은 듯 합니다.

"내 맥주실력 자넨 모르지…… 난 앉은 자리에서 스무 병은 거뜬히 치워버린다네"

이렇듯 하찮은 것에서부터

"우리 선조께서는 정승을 지낸 집안이야 그리고 증조할아버지께서는 참판벼슬을 지내셨는데 꽤나 유명하셨지……. 참판이란, 육조(六曹)의 종이품(從二品) 벼슬 아닌가……. 그리고 우리 아버지는 영국의 옥스퍼드 출신이지……. 명문대학이란 사실은 삼척동자도 다 알고 있는 사실이 아닌가……. 내가 어렸을 때만 해도…… 세상만 좋았더라면…

이런 유형의 회고형

"이번에 우리 회사가 사우디아라비아와 계약을 체결한 석유화학제품 플랜트 수출건…… 자네도 알고 있지? 실은 그 계획을 구상한 것이 바로 나란 말이야……."

이와 같은 종류의 선전형에 이르기까지 참으로 갖가지의 허풍이 난무합니다.

왜 사나이들은 금세 들통이 날 허풍을 마구 지껄이고 싶어할까요. 그토록 사나이들은 멍청하고 바보스러울까요?

반드시 그렇지도 않습니다. 이와 같은 현상은 모두 '자기현시욕'때문입니다. 즉 자기를 과시하려는 욕망이 '들통이 나고야 말 것이다'라는 냉정한 판단을 짓밟고 마비시키기 때문입니다.

허풍쟁이들은 자기의 이야기에 넋을 잃고 감탄하는 모습(실은 어이 없어 하는 모습일지도 모른다)을 바라다보며 일종의 자기도취에 빠져 버리고 마는 것입니다.

허풍이 자기도취를 몰고 온다고 하는 분석에 고개를 갸웃거리는 분도 있을지 모릅니다. 그러나 허풍을 떠벌리는 당시의 심리상태는 상쾌하고 들뜨고 기분좋은 상태에 있는 것입니다.

또한 허풍을 떨고 있는 순간에는 공상과 현실의 영역 구분이 모호해져 자기 스스로도 허풍이 진짜처럼 느껴져 이야기에 박진력이 곁들여지게 되는 것입니다.

이와 같은 점을 독자들께서 수긍하신다면 쉽게 납득이 가리라고 생각합니다.

그런데 허풍이란 대개의 경우 무해한 방향으로 작용하는 것입니다.

"그 때 나는 엎어치기로 한 놈을 메어치고 나서는 '경찰이 온다!'하고 소리쳤습니다. 이 때 세 놈의 깡패가 놀라며 큰 길 쪽으로 눈을 돌리는 순간 나는 그 묘령의 여인의 손을 붙잡고……"

　이와 같은 무용담을 신나게 지껄여대는 것은 무해 이상의 서비스 정신에 넘쳐 있는 것입니다. 더욱이 듣는 사람으로 하여금 '으음…''허어…''저런!'하는 감탄사를 이끌어냄으로써 얻어지는 쾌감이나 즐거움은 자기자신을 만족시켜 줍니다. 그렇다고는 하지만 부탁도 하지 않은 자리에서 한바탕 떠들어대는 것은 '주의획득욕'이 왕성하다고나 할까요…….

　그런데 사모님들이여! 댁의 주인께서

　"여보, 내 말좀 들어봐요. 엇저녁 친목회에서 여사원의 인기를 독점한 사람이 누군지 아시오? 바로 나란 말이오. 2차 술자리에서도 인기가 대단했지. 호스테스들이 나와 함께 춤을 추자고 야단들이었다오"

　이렇게 고백(?)했다고 해서 부인께서는 결코 성을 낼 필요가 없습니다. 남편께서 이런 식으로 말하는 저의는

　"난 아직까지도 인기가 있다구요…… 그러니까 당신도 나에게 서비

스를 잘 하란 말이오”

이런 내용의 플래카드를 내걸고 있다고 해석하면 됩니다. 참으로 유치한 데모를 벌이는 거죠. 그렇다고 해서 사모님께서

“여자들에게 인기가 있었다고요? 당신이 저에게 허풍을 떠는 거라는 것 난 잘 알고 있어요. 웃기지 마세요……”

이런 투로 꼬집는 것은 그리 현명한 방법이 못됩니다.

“당신처럼 멋있는 남자라면 당연히 인기가 좋을 거예요. 일에도 노련미가 있고 실력도 좋으시고. 특히 그러한 모임에서도 위신을 잃지 않으시고 돋보이니까……. 정말 당신은 믿음직스러워요”

이와 같은 부인의 찬사 한마디로 주인양반을 완전히 손아귀 속에 넣을 수 있게 됩니다.

그러나 미스의 경우는

“내가 연구에 몰두하고 있었을 때 어느 여성으로부터 열렬한 사랑을 받은 일이 있는데…… 그러나 그 당시는……”

하는 투의 창작형 허풍은 오히려 역효과가 생길 염려도 있는 것이므로 삼가도록 하는 것이 좋습니다.

이렇듯 허풍의 광소곡(狂騷曲)은 트럼펫 주자에 따라서 갖가지의 음색을 내는 것이므로 잘 식별해 주시도록 주의를 바랍니다.

6. 왜 남자는 도박성이 강한가

얼굴이 상기되어 흥분된 모습으로 경마장을 빠져나가는 군중들의 99퍼센트는 남성들입니다. 유명한 경기나 시합이 TV로 중계되거나 하건 “이 사람아 내기를 하세”라고 말하는 사람도 예외없이 남성들입니다. 그들은 장기나 바둑을 두더라도 돈을 걸지 않으면 박진감이 생기지 않는다고 말합니다.

그 뿐만이 아닙니다.

"준식이 녀석…… 요즘 애인이 생긴 모양이야"

"아니야 그런 일은 없을께야. 며칠 전에도 신세 타령을 하고 있던 데……"

"그럼 우리 점심내기를 하도록 할까?"

남의 연애문제까지도 도박의 재료로 삼습니다. 왜 이렇듯 남성은 도박성이 강할까요.

첫째 이유는, 남성은 덜렁쇠의 기질이 있을 뿐만 아니라 낙천적이기 때문입니다. 이와 같은 속성으로 인하여 요행수나 우연한 행운을 믿게 되는 것입니다. 그러나 여성은 좋게 말해서 견실(堅實), 나쁘게 말해서 배짱이 없기 때문에 '만일 적중하지 않으면……'하는 생각이 먼저 머리에 떠올라

'눈 뜨고 손해를 보게 되면 어떡하나／ 그 돈이면 멋있는 핸드백을 충분히 살 수 있을텐데'

하고 마음을 먹게 됩니다. 이에 반하여 남자들은 네거티브 쪽으로는 머리가 돌지 않고

'만일 적중이 되는 날에는 횡재를 할지도 모른다'

이렇듯 포지티브 쪽으로 몽상하기 쉽습니다. 복권당첨률이나 교통사고를 당하는 율은 비슷하다는 말이 있을 정도로 어려운 것이라고 말합니다. 그럼에도 불구하고

'내가 교통사고를 당하게 될리는 없지만 그렇다고 해서 복권당첨의 행운이 내게 찾아오지 않는다고는 할 수 없다／'

이렇게 생각합니다.

도박성이 강한 두번째 이유로는, 자신의 행운을 시험해보고 싶다 — 그러한 심리가 있기 때문입니다.

'내게 행운이 따르고 있는지 아닌지, 내 육감(六感)이 과연 예리한지

아닌지'가 궁금한 것입니다. 즉 무슨 일이건 도전해 보고 싶은 것이 남성심리입니다. 미인을 대하게 되면 갑자기 친절해집니다. 이런 태도도 '혹시나……' 하는 어리석은 일종의 도전행위입니다.

운명의 문을 노크해본다면 그것은 위대한 도전행위입니다만——유치한 예이긴 하지만 화장실에서 '사용중'이라는 표지가 나와 있는태도 노크하고 확인하려는 심리는 일종의 쓸데없는 도전정신의 발로라고나 할까요. 이럴 때 여성의 경우라면 대부분 기다리는 것이 상식으로 되어 있습니다만…….

여담은 그만두고 그 무엇에다 내기를 걸었을 때 이름모를 흥분을 느끼며 가슴이 설레이게 됩니다. 이것이 남자들이 도박을 즐기는 세번째 이유입니다.

여자들의 경우는 장시간의 흥분을 참지 못하고 몸을 가누지 못하거나 심할 경우에는 현기증마저 느낍니다. "아이 속상해 왜이리 결과가 늦지*/* 애가 타서 죽겠어*/*"하며 초조해 합니다. 그러나 남성들은 결과본위가 아니라 그 과정을 즐기는 것입니다. 일진일퇴(一進一退)라든가 추격하거나 추월당하는 짜릿한 맛에 흥분과 스릴을 느끼는 것입니다. 말하자면 흥분의 도가니 속에 자신의 몸을 내어 맡겨 쾌감을 즐기는 것입니다.

이렇듯 흥에 도취되어 있을 때에는 남성들은 번잡한 일이나 고민스러운 일들을 깨끗이 잊어버리고 해방감을 맛보는 것입니다. 도박성은 남자들에게 있어서는 '걱정일소(一掃)' 또는 '스트레스 해소'에 크게 기여하고 있다는 사실입니다.

네번째의 이유로는, 남자들은 생활상의 변화를 희구하고 있습니다. 아무런 변화도 없는 생활에 남성은 여성보다도 빨리 따분함을 느끼는 것입니다.

"무엇인가 화끈하게 재미있는 일은 없을까…"

남성들은 입버릇처럼 이런 말을 입에 올립니다. 그래서 단조롭고 무미건조한 하루하루의 생활에 게임적 요소를 도입하려는 욕구에서 결국 도박에 손을 대게 되는 것입니다.

그러나 일이나 그 무엇에 진지하게 몰두해 있거나 충실감에 넘쳐 있는 사람은 노름이나 도박에 열중하려고 하지 않습니다. 간혹 손을 댄다 하더라도 분위기 쇄신 정도로 끝냅니다.

없는 돈을 몽땅 없애버리거나 정신 없이 노름에 빠져버리는 사람 — 이런 사람은 성격 이상자입니다. 착실히 노력하는 것이 싫고 무슨 일을 하더라도 끈기가 없으며 의지가 박약하며 거기에다가 일을 쉽게만 처리하려고 하는 성벽(性癖)을 지니고 있는 것입니다. 이런 사람을 남편으로 맞이한다면 그 결혼은 실패작으로 끝나버리고 말 것입니다. 이런 성품의 사람은 절대로 피하는 것이 좋습니다.

"내 애정으로 그분의 성품을 고쳐 놓고야 말겠습니다"

이와 같은 달콤한 꿈은 위험합니다.

그러나 도박성을 생활의 한 부분으로 채색하려는 생각으로 즐기고 있는 정도라면 아량있게 이해해 주기를 바랍니다. 이와 같은 도박성은 남자들끼리의 교제 중 그 일부를 차지하고 있는 경우도 있기 때문에 더욱더 아량을 표시해 주어야 합니다.

"과장님! 내일부터 코리언 시리즈가 개막됩니다. 어느 팀이 이기는지 내기시합 안하시겠습니까?"

부하들은 두 패로 갈라져 한 쪽은 A팀 다른 한 쪽은 B팀으로 나뉘어 내기시합에 들어갔습니다. 그런데 과장은 양쪽편으로부터 권유를 받고 A·B팀 모두에게 가담을 했습니다.

"나는 어느쪽이 이기더라도 상관없어요. 이것도 하나의 교제방법이니까요"

과장은 웃으면서 이렇게 말하였습니다.

이런 식의 도박이라면 도박이 나쁘다고만은 말할 수 없는 것이 아닐까요?

만일 남자로부터 낙관적이고 행운만을 그려보는 도박의 정신이 상실되었다면 가장 곤경에 처하는 사람이 미혼여성이 아닐까요? 왜냐하면 구혼신청을 하는 남자가 격감(激減)하게 될 것이 틀림없기 때문입니다.

7. 왜 남자는 한 턱 내기를 좋아하는가

"자! 사양하지 말고 많이 들게! 웬지 오늘밤은 기분이 유쾌하단 말이야!"

제혼자 신명이 나서 마구 퍼마시고 나서 ── 그날밤 상쾌한 기분으로 귀가. 그런데 다음날 아침

"여보! 정신 좀 차려요. 가계부를 좀 보란 말이에요"

마누라로부터 호되게 바가지를 긁혀 시무룩해진 남편족들은 아마도 한 두 사람이 아닐 것입니다.

그러나 너무 몰아세우지 마십시오. 취기가 가시게 되면 마누라가 잔소리를 하기 전에 그 자신이 먼저 '너무 했구나'하면서 후회할 것입니다. 말하자면 이것이 바로 남자들의 성벽인 것입니다.

남자들은 누구든 인색하다고 낙인 찍히는 것을 최대의 치욕으로 생각하고 있습니다.

"역시 선배님은 믿음직스러워!!"

이런 말을 듣고 어찌 째째하게 굴 수가 있겠습니까?

그리고 두번째로는, 금전에 집착하는 것은 사나이답지 못하다는 이제까지의 관습(?)이 있습니다. 한 번 생각해 보세요. 막상 음식값을 지불해야 할 단계에 이르러

"나는 맥주 두 병에 땅콩 한 접시……그러니까 이천오백원"

"음 나는 맥주 한 병에 건포도 반 접시"

이런 식으로 각자가 자기가 먹은 분량만큼 돈으로 계산하여 테이블 위에 내놓게 된다면 그것이 애들의 소꿉장난도 아니고——도대체 사나이들이 할 짓입니까?

셋째로는, 한 턱 낼 때의 그 형용할 수 없는 우월감과 쾌감——째째하고 인색한 여성들로서는 도저히 이해하기 힘든 '왕자의 심정'이라고나 할까요.

"뭐라고요? 인색하고 째째하게 만든 건 누구인데요. 제대로 월급도 갖다주지 못하는 주제에……"

백 번 천 번 지당하신 말씀입니다.

그러나——이 대목이 가장 중요한 점입니다만, 넷째로, 그는 쥐꼬리만한 급료에 매어달리는 월급쟁이이기 때문에 더욱 한 턱 내고 싶어

하는 것입니다. 즉 평소에 여유없는 생활을 하고 있었기 때문에 때로는 분수에 넘치는 짓을 해보고 싶은 심리가 작용하는 것입니다. 이러한 심리는 억압에 대한 '보상심리(Compensation)'이며 행위인 것입니다.

보잘것 없고 하찮은 자기자신을 망각하고 떨쳐버리고 싶다는 '자아확대'작용이기도 합니다.

그 증거로써 정말 돈이 많은 사나이는 함부로 한 턱 내거나 하지 않으며 오히려 인색하기가 짝이 없습니다. 이들은 구지 허세를 부리지 않더라도 누구나가 다 유복(裕福)함을 인정해 주고 있으며 그렇게 할 필요가 없기 때문입니다.

그러나 갖지 못한 자는 훗날 쪼들릴 것을 알고 있으면서도 허세를 부리는 것입니다. —— 생각해 보게 되면 참으로 우스꽝스러운 일이지만 약간 서글픈 피에로적인 모습이라 하겠습니다.

그러나 젊은 여성들에게 꼭 이 한마디만은 말씀드립니다. 이러한 서민적인 감정의 소유자가 실은 인간미가 있는 것입니다. 이런 사나이는 적어도 곰상스럽게 굴지 않는 미덕(?)을 지니고 있습니다. 요즘 아무렇지 않게 각자 부담으로 마시러 가자는 녀석들이 있는데 그런 상대를 남편으로 선택하지 않는 것이 현명합니다. 만일 그런 사나이와 결혼하게 되면 촐랑거리며 부엌에 나와

"감자 껍질을 너무 두껍게 깎지 말란 말야"

하면서 잔소리를 일삼는 '바퀴벌레 같은 사내'가 되기 쉬운 것입니다.

8. 왜 남자는 프로야구를 좋아하는가

학교를 졸업하고 직장생활을 하게 된 여사원들은 흔히 이런 말을 합니다.

"사회에 진출하여 뭇 남성들을 대하고 나서 환멸을 느꼈어요. 이들의 화제라면 거의 한결같이 프로야구에 관한 이야기 뿐이예요. 투지도 없고 지성도 없고…… 저런 사람들이 대학 출신인가 하고 생각하면 한심스럽기만 합니다."

그런데 말입니다. 이러한 관찰은 좀 피상적이 아닐까요?

생각해 보십시오. 직장에서 "난 근로의욕에 불타고 있다！" "난 이렇게 보여도 앙드레 지드의 애독자다！"라는 식의 표현을 어떻게 겸연쩍게 해 보일 수가 있겠습니까.

복잡한 인간관계 속에서 부드럽게 처신해 나가기 위해서는 서로가 유치할 정도로 행세하지 않으면 안됩니다. 따라서 풋나기의 껍질을 벗어 던지고 여러 사람들에게 부담을 주지 않는 범위 내에서 공통적인 화제를 선택할 필요성이 있습니다.

　그런데 이 '공통성(共通性)'과 '무장성(無障性 ; 지장이 없음)'이라는 점에서 프로야구의 이야기는 진정 안성맞춤이라고 하겠습니다. A투수가 어떻다느니 B포수가 어떻다느니 하고 대화를 하고 있노라면 어느 사이엔가 이야기의 꽃이 피어나 분위기가 부드럽게 되며 이로 인하여 서로가 흉금을 터놓게 되며 안락한 기분에 젖어들게 되는 것입니다.

　이와 같은 화제는 그 누군가의 마음을 상하게 한다거나 불쾌하게 만드는 일이 없기 때문에 가장 무난한 이야깃거리라고 하겠습니다. 이에 반(反)하여 틈만 있으면 뜬소문이나 험담을 입에 담는 일부의 여성보다 훨씬 건설적이라고 생각하는데 여러분께서는 어떻게 생각하시는지?

　그런가하면 출퇴근 시간에 만원전철 안에서 스포츠 신문을 정신없이 읽고 있는 샐러리맨을 흔히 볼 수 있게 됩니다. 스포츠 신문도 긴장을 풀거나 기분전환을 위해 좋은 일이지만 그런 시간에 일류신문의 제1면이나 사설란에 눈을 돌리는 것이 어떨까 하는 생각을 가져봅니다.

그러나 그들의 얼굴표정——아무리 뜯어 보아도 핵무기 감축문제나 중동정세보다는 야구장의 승부쪽이 훨씬 관심사라는 듯한 표정입니다. 이와 같은 현상을 유심히 바라다 보고 TV에 의한 '국민백치화(國民白痴化)'와 병행하는 망국적 징조라고 개탄하는 평론가도 있을 정도입니다.

그러나 이런 광경을 너그럽게 보아줄 관용도 아쉽습니다. 현대 샐러리맨들의 하루의 생활을 눈여겨 봅시다. 콩나물시루를 방불케 하는 만원전철에 시달리면서 직장에 출근하게 되면 틀에 꽉짜인 일거리의 노예가 됩니다.

일과시간 동안에는 사면팔방에 신경을 곤두세워야 합니다. 그런가 하면 윗사람으로부터의 꾸중도 감수해야 하며 동료로부터의 힐난도 참아야 합니다. '목구멍이 포도청'이라고 했듯이 아니꼬운 비애도 가끔 맛보게 됩니다. 울화가 치밀거나 한심한 일이 있어도 관리사회체제에 있어서는 감정의 노출은 금물입니다.

도대체 일개인의 감정 따위는 무시되고 있는 실정입니다.

거대한 기구(機構) 아래서는 일개인의 존재가치는 작은 톱니바퀴, 작은 나사못 한 개에 불과하기 때문입니다.

이렇듯 현대인은 심한 무력감, 소외감, 고독감을 뼈저리게 맛보는 것입니다. 그래서 이러한 늪에서 헤어나려고 친근감이 넘쳐흐르는 군중 속에 몸을 내어 맡기고 싶다는 생각에 사로잡히게 되는 것입니다.

가끔 야구시합의 야간경기 관전은 이런 점에서 최적이라고 하겠습니다. 왜냐하면 관람석 주위 사람들이 모두가 생면부지의 사람들이므로 자기자신을 무명성(無名性)의 세계에 적나라하게 노출시켜 마음껏 몰입하고 해방감을 만끽할 수가 있기 때문입니다. 동시에 서로가 같은 구단의 팬이라는 친근감도 맛볼 수 있습니다. 더욱이 홈런이 터져 일제히 환성을 올릴 때 일종의 협동감마저 용솟음칩니다.

현대인은 거의 모두가 욕구불만이라는 벽에 머리를 부딪혀 지칠대로 지쳐 있는 상태입니다. 이렇듯 지친 상태에서의 야구구장은 어떤 의미에서는 도피작용(Escape)의 구실을 해주고 있습니다.

9. 왜 남자는 놀이에 열중하는가

여러 종류의 놀이를 알고 있는 사람, 즉 잘 노는 사람을 여성들은 불성실한 사람으로 생각하는 경향이 있습니다. 그런데 남성들은 오히려 그런 것을 뽐내거나 자랑으로 생각하는 편입니다. 그렇다면 그 까닭은 무엇 때문일까요?

남자들은 '놀이도 하지 못하는 녀석은 멋이 없고 융통성이 없어서 말이 통하지 않는다'고 경멸하는 심리가 있는 것입니다. 이런 심리를 더욱 합리화시키기 위하여 '잘 노는 사나이는 일도 잘한다'라는 생각을 갖게 됩니다. 그래서

"나는 일터에서는 성실하게 일도 잘 하지만 술자리에서는 노래도 잘 부르고 춤도 잘 추는 활량으로 통한단 말이야!"하는 사람들이 늘어나고 있는 실정입니다.

시대가 복잡해지고 상담도 국제적으로 발전되어 일하는 시대가 되었기 때문에 잘 노는 것도 프로비즈니스맨의 하나의 조건이 되고 있는 것입니다. 따라서 놀이는 '남자의 미학(美學)'이라고까지 말할 수 있게 된 것입니다.

솔직히 말해서 놀이는 여성보다도 남성이 더 열중하는 편입니다.

그 첫째 이유는, 우리 나라의 남성들은 어떤 일에 있어서나 빨리 뜨거워지며 빨리 식어버리는 습성이 있습니다. 새로운 것, 진기(珍奇)한

것은 빨리 열을 쏟아 붓습니다.

　——이와 같은 일은 과연 무엇을 의미하는 것일까? 저명한 아동심리학자 져실드라는 사람은 그의 저서에서 어린이의 발달원리의 하나로서 '전심(專心)과 이행(移行)의 원리'를 내세우고 있습니다.

　어린이는 주행능력이 발달되는 초기에는 술래잡기라든가 뛰어 다니는 놀이에 전념하게 되며 '이 세상에서 가장 재미있는 것은 뛰어 다니는 것'이라는 생각을 갖게 되는데 그러한 놀이도 차차 흥미가 식어지게 되면 다른 놀이로 흥미가 이행되어 뛰어 다니는 것은 단지 급할 때 이동하는 수단으로 밖에 사용되지 않는다는 생각을 갖게 된다고 주장하고 있습니다.

　이와 같은 지적에 따르면 어떤 일에 순간적으로 몰두하는 것은 이콜 아동심리의 특징이며, 이콜 남성들의 심리라는 도식(圖式)이 성립되는 것입니다.

　서핑(파도타기), 그 밖의 젊은이들의 놀이를 유치하다고 냉소하는 노인족(老人族)들조차도 골프에 미친 사람이 있습니다. 한 번 배팅장을 기웃거려 보십시오. 하복부에 지방끼가 오른 초심자들이 진지하게 코치를 받고 있는데 힘껏 내리친 골프채는 애꿎은 바닥만 두둘겨 팰 뿐 공은 공중에 날기는 커녕 2, 3 미터 전방에 대굴대굴 굴러갈 뿐입니다.

　"웬일이지…… 거참 이상한데"하면서 연신 고개를 갸우뚱 거립니다.

　"그럼 또 한 상자만"—— 그러나 공은 여전히 힘없이 대굴대굴. 연습비는 신나게 지갑에서 날아갑니다. 이 때 무책임한 선배가 '자넨 가능성이 보여!'하고 비행기를 태우면 "정말 그럴까?"하면서 싫지 않게 이 말을 받아 들이고 계속해서 열을 올리게 됩니다.

　이렇듯 골프에 열중하게 되는 까닭은 남성이 여성보다 돈과 여가를 더 많이 가지고 있다는 두번째 이유이기도 합니다. 그러나 근본적인 원인은 더 깊은 데 있습니다.

　여성들은 돈만 있으면 백화점에 찾아가 지하층에서부터 최상층까지 오르내리며 이것저것 구경을 하면서 쇼핑을 합니다. 더욱 한가한 시간이 있으면 자수, 꽃꽂이, 피아노, 서예 등을 익힙니다. 즉 취미와 실익을 겸한 단조로운 것에 몰두합니다.

　그러나 남성들은 이와 같은 시간 보내기를 원치 않습니다. 실익 같은 것은 전혀 생각치 않고 취미는 취미대로 순수한 놀이를 즐기려는 성향이 있습니다.

　"여보 마누라! 어젯밤 고스톱에서 이만큼 돈을 땄어요. 밤샘을 했다고 너무 노여워 말아요"

　이렇게 자랑하는 남편이지만 그는 돈을 땄다는 실익 때문에 기뻐하는 것이 아닙니다. 실리를 강조하는 것이 처(妻)를 설득시키는 데 가장 효과적이라는 것을 알고 있기 때문입니다. 그가 진정 기뻐하는 것은 모든 잡념을 잊어버리고 오로지 승부욕에 집착하는 일과 '이겼다!'라는 만족감에 도취되는 일입니다.

승패의 구분이 확실해지게 되면 남자들은 갑자기 신바람이 나게 되는 것입니다. 그 가장 좋은 예는 장기입니다. 서로 막역한 친구 사이라도 일단 장기판을 앞에 두면 승부욕에 불타게 되는 것입니다.

"한 번만 물러줘！"

"안된다니까"

"한 번만 물러달라니깐！"

"안된다고 했잖아！"

"정말 못 물러준다는겐가？"

결국 두 사람은 얼굴을 붉혀가며 가벼운 실랑이까지 벌이게 됩니다. 참으로 유치하고 단순한 한 장면이라고 하겠습니다. —— 이건 역시 아동심리학의 대상이 될 지 모릅니다.

10. 왜 남자는 못된 꾀를 피우는가

남자와 여자 중 어느편이 지혜가 뛰어난가. 이것은 한마디로 결론을 내리기가 어렵지만 지혜 가운데 '못된 꾀'가 앞서 있는 편은 아무래도 남자쪽인 것 같습니다.

사기, 뇌물사건, 탈세 등 —— 무엇이건 나쁜 것을 생각해 내는 쪽이 대체적으로 남자들입니다.

이처럼 큰 규모의 사건이 아니더라도 남자 중에는 출장비의 허위보고, 영수증의 날조, 속임수의 지출경비 이 밖에도 간계(奸計)를 꾸미는 수법은 얼마든지 있습니다. 못된 꾀 중에는 얕은 꾀나 잔재주를 부리는 것도 있습니다.

어느 신혼 가정에서 생긴 일입니다. 남편이 "오늘밤 친구들과 마작을 하기로 약속이 되어 있어 밤늦게 돌아오게 될 것이요"하고 집을 나

간 채 결국 날이 새도록 돌아오지 않았습니다. 하룻밤을 꼬박 뜬 눈으로 지새운 신부는(마침 전화가 가설되지 않은 상태인지라) 세 사람의 남편 친구에게 전보를 쳤습니다.

"어젯밤 남편이 거기에서 잤는가"

그랬더니 수시간 후에 속속 전보로써 응답이 왔습니다. 그런데 세 통의 전문(電文)은 모두가 한결같이 똑같았습니다.

"당신의 남편 우리 집에서 잤음. 안심하라"는 내용이었습니다.

하룻밤 사이에 세 집을 전전하며 잠을 잤다니 이건 홍길동인가 아니면 도깨비란 말인가.

잔 꾀가 이 정도에 이르게 되면 여성들도 신경질이 날 수밖에. 미리 약속이나 해 둔 것처럼 순간적으로 감싸고 도는 못된 꾀. 어찌하여 남자들은 이 모양일까요. 선천적으로 도덕의식이 낮은 동물이라고 치부해 두었다면 그런대로 지나쳐 버릴 수가 있지만 그 속에 감추어진 근본적인 원인은──.

첫째로, ‘아담은 밖에 나가 사냥을 하고, 이브는 집을 지키며 길쌈을 하는’──수천년의 기간동안 남성은 사회의 격랑(激浪) 속에서 생활해 왔다는 역사적 사실을 지적하지 않을 수가 없습니다. 이와 같은 생활을 영위하는 동안 ‘아’하면 ‘어’할 줄 아는 남성끼리의 연대의식이 성장하고 발달하여 못된 꾀가 생겨난 것입니다.

둘째로, 보너스라든가 부수입을 아내에게 속임수를 써서 보고한 다음 그 차액을 착복하는 행위 등은 남자 특유의 스릴이나 쾌감을 느끼게 합니다. 만일 그와 같은 금액을 정직하게 아내에게 보고하는 남편이 있다면 그는 동료들로부터

“자네는 정말로 성인군자와 같은 사람이야” 이렇게 칭찬을 받겠지만 이 말 속에는 ‘넌 참으로 공처가로군’하는 뉘앙스도 함축되어 있습니다.

그러나 이러한 공처가(?)도 가끔 못된 꾀를 쓰고 있는 사나이라는 점을 잊어서는 안됩니다.

여기에서 한 가지 분명한 사실은 모든 남편들은 선량한 사람임에 틀림없다는 사실입니다. 앞서에서 말한 전보사건만 하더라도 신혼가정의 평화와 행복을 염려해준 갸륵한 처사라는 것 쯤은 절대로 잊어서는 안됩니다.

11. 왜 남자는 화장실에서 신문을 읽는가

화장실에서 신문을 읽고 있는 행위──이런 행위는 아무래도 남성에게서만 찾아볼 수 있는 버릇인 듯 싶습니다. (간혹 여성 중에도 이런 버릇이 있는지는 몰라도……)

따라서 왜 사나이들이 이런 행위를 취하는지 숙녀들께서는 궁금하리

라고 짐작되는데 ……우선 첫째로, 인간은 체내의 잔재물을 체외에 방출하거나 배설을 할 때 그 잔재물이 어떤 종류의 것이든 상관없이 일종의 쾌감이 수반된다는 생리적 사실을 지적해 두고자 합니다.

그런데 여성들은 이 배설행위를 사무적으로 처리하려고 하는 경향이 있습니다만 남성의 경우는 원래가 로맨티시스트(낭만주의자)이므로 여기에 미와 시를 곁들이려고 합니다. 이들 중에는 자신이 투하한 걸작품(?)을 잠시 감상하고 나서 '오늘 것은 메가톤급에 해당되는 역작이다.'라고 좋아하는 남성들도 간혹 있습니다.

이와 같은 남성들은 생활예술파에 속한다고나 할까요? 어쨌든 그런 것을 천박스럽다고 생각하는 것은 당신의 지성과 교양이 그런 시각으로 보도록 했기 때문입니다. 좀더 소탈한 심정으로 돌아가서 생각해보십시오. 쥐꼬리만한 학문을 자랑하며 속취(俗臭)를 뿜어대는 잘난 체하는 녀석보다는 이와 같은 야성적인 사나이가 훨씬 구린내가 덜 납니다.

분뇨설담(糞尿說談)을 즐기며 그것을 술안주로 삼는 사나이도 있습니다. 세상은 각양각색이라고는 하나 남성에게 공통적이라고 할 수 있는 것은 화장실을 여성들처럼 더럽다고 생각하지 않는다는 사실입니다. 그래서 남성들은 신문지를 겨드랑이에 끼고 유유히 화장실로 행차하는 것입니다. 이들의 이와 같은 행동은 어디까지나 사적(私的) 취미에 속하는 것입니다.

천상천하 유아독존(天上天下 唯我獨尊)이라고나 할까요…… 그 누구로부터도 방해를 받지 않고 홀로 활자와 벗하는 그 순간이야말로 이 세상에 더 없는 즐거움이라고 그들은 생각합니다.

그래서 이 행복(?)을 더욱 진지(?)하게 만끽하기 위하여 용기의 개조나 개선에 비상한 관심과 열의를 쏟는 사나이도 있습니다. 즉 서양식 구조로, 소파형으로 용기를 개조하고 바로 옆에 재떨이와 메모장

(帳)까지 준비해둡니다. 거기에다 더욱 편리성을 도모하기 위하여 화장실 내부에 전화까지 끌어들입니다. 이쯤되면 말이 화장실이지 사무실이나 응접실과 다를 바가 없습니다.

우리들은 흔히 "자연으로 돌아가자"라는 말을 귀에 합니다만 내가 어렸을 때 어느 지방에 가보았더니 뒷간 '대소변을 볼 수 있도록 만들어 놓은 곳'이 원두막처럼 이층으로 되어 있었는데 사람이 용변을 보러 사다리를 타고 올라가 분뇨를 투하하게 되면 아래에서 사육하는 돼지떼들이 몰려들어 배설물을 처치해 버린다는 극히 위생적(?)인 시설로 되어 있는 것을 보았습니다.

옛부터 동양 사람들은 이처럼 멋과 유머를 지니고 있었습니다————그런데 서양 사람들은 대범한 데가 없이 그들 집에 가보면 거의가 욕실과 화장실이 붙어 있습니다. 최근 우리 나라도 그들의 생활을 본떠 호텔이나 아파트, 심지어는 단독주택까지도 욕실과 화장실을 한 장소에 수용하고 있습니다. 실은 솔직히 말해서 동양 사람의 기질에는 맞지 않는 주택구조라고 할 수 있습니다.

어쨌든 우리 나라의 남성들은 화장실을 마치 거실처럼 생각하는 경향이 없지 않아 있습니다. 때로는 마누라의 바가지(잔소리)를 피하 은신처로 삼기도 합니다. 때때로 마누라가

"여보! 애들이 좀처럼 공부를 하지 않아요. 당신은 집에 있는 날이면 노상 신문만 들여다보고 있으니……. 좀 애들을 꾸짖어 주어요"

앙칼진 마누라의 공격에 화장실은 피난처로 매우 안성맞춤입니다.

정신분석학적으로 어린이가 서너살 때 화장실 근처에서 놀기를 좋아한다거나 방귀를 뀌는 것을 재미있어 하는 시기를 '항문기(肛門期)'라고 말합니다만 우리 나라의 남성들은 이러한 항문기 단계에서 헤어나지 못하고 '항문성격(肛門性格)'을 그대로 지니고 성장한 것이 아닌가 의심스럽습니다. 화장실에서 신문을 읽고 있는 남자들의 괴벽을 이제야 여성 여러분들께서는 이해하셨으리라고 생각합니다.

12. 왜 남자는 폭군처럼 행세하는가

TV의 가두 인터뷰 등에서

"선생님! 선생님께서는 집에서 횃대밑사내(폭군과 같은 남자)처럼 행세하십니까 아니면 엄처시하(嚴妻侍下)의 사내처럼 행세하십니까?"

하고 질문을 해 보면 십중팔구는

"그야 폭군처럼 행세하지요!"

하면서 큰소리를 쳐 보입니다. 그렇다면 어째서 그들 남성들은 폭군연(暴君然)한 태도를 구지 보이려고 할까요. 미국이나 유럽의 허즈번드들은 오히려 애처가나 공처가연한 태도를 보이는 경향이 있는데

우리 나라의 남편들만이 어찌하여 폭군연하단 말인가요? 가령 집에 손님이나 찾아오는 날에는 구미(歐美)의 사나이들처럼 선량한 호스트 역할은 고사하고 가만이 앉아서 큰소리만 칩니다.

"여보./ 맥주 가져와./ 냉장고에서 찬 것으로 말이야./ 우선 마른안주 한 접시하고……"

이건 마치 하인 부려먹는 식의 말투입니다. 이런 식이 되어서는 어느 부인이 기분이 좋을리가 있겠습니까. '겉으로는 현대 남성처럼 행세하지만 머리 속은 아직까지 캐캐묵은 봉건적 잔재가 가득하단 말이야…' 부인들은 그와 같은 남편들의 자세에 불만이 큽니다.

그러나 남편은 남편대로 불만이 있습니다. '나는 단순히 돈만 벌어들이는 기계가 아니야. 엄연히 한 가정의 주인이며 가장이란 말이야'

남편은 아내나 가족들로부터 응분의 대우나 인정을 받고 싶어 합니다.

그래서 가장이라는 허세를 부리며 주권을 확인하려 합니다. 이것이 남편들의 공통된 심리입니다.

이와 같은 확인심리는 마음 속에 도사리고 있는 불안심리 때문이라고 말할 수 있습니다. 오늘날 어느 가정에서나 여권은 확대되어가고 있는 반면 남편의 권한은 축소되어 가고 있는 실정입니다. 이와 같은 현실적 추세에 대하여 뭇 남성들은 불안해하고 있습니다.

그래서 가끔 남편들은 '우리 집은 다른 가정과 비교할 때 가장의 권한이 어떤가?'하는 불안을 갖게 됩니다. 이와 같은 불안심리를 떨쳐버리기 위해서라도 사람들이 보고 있는 자리에서는 필요 이상으로 전제군주(專制君主)처럼 행세하는 것입니다. 즉 심리학에서 말하는 '과잉방어'의 메커니즘이 작용하는 것입니다.

그러나 이유는 이런 것들만으로 그치는 것이 아닙니다. 동료나 친구들에 대한 허세를 들지 않을 수 없습니다. 묘한 것이 남자들의 세계입

니다.

　"우리 마누라는 내 앞에서는 꿈쩍도 못해. 이 사람아 여필종부라고 하지 않던가. 어디까지나 실권은 남편이 손아귀에 거머쥐고 있어야 된 단 말이야"

　이렇게 허세를 부리지 않으면 동료들로부터 바보취급을 당할지도 모 릅니다.

　"저 녀석은 마누라한테 꼼짝도 못해!"

　"술마시고 늦게 집에 돌아갈 때는 혼자서는 못간대"

　이와 같은 소문은 굴욕적인 것으로 남자들은 받아들이는 것입니다.

　"이렇게 늦도록 어디에서 누구하고 술을 드셨어요?"

　"음 오늘은 회식이 있었어…… 좀처럼 자리를 뜰 수가 있어야지. 미 안해요 당신……"

　"그렇다면 집에 전화라도 해 주서야지요! 그토록 대단한 자리였나요?"

이런 투의 신경전은 어느 가정에서나 흔히 볼 수 있는 일입니다. 그러나 윗사람, 아랫사람들이 한참 어울려 술을 마시는 자리에서 슬그머니 빠져나와 마누라에게 전화를 건다는 것도 보기 싫을 뿐만 아니라 하기도 힘든 일입니다.

"자네…… 부인한테 전화를 걸지 않아도 괜찮겠는가?"

이런 말을 하게 되면

"아니 괜찮아 아무 걱정 말게. 집사람은 잘 길들여졌으니깐 염려 없단 말이야"

그 순간 험상궂은 마누라 얼굴이 뇌리를 스쳐 지나가도 그런 티는 눈꼽만치도 보이지 않고 태연한 표정을 해보입니다.

그러나 이와 같은 허세는 "나는 멍멍이(개) 같은 건 조금도 무섭지 않아!"하며 큰소리치는 어린애의 허세와 일맥상통합니다.

어린애들이 평소에는 엄마말을 고분고분 잘 듣다가도 손님이 찾아오게 되면 엄마의 말을 듣지 않는 경향이 있습니다. 그 까닭은 손님이 있는 동안은 심하게 야단치는 일이 없다는 것을 경험을 통해 애들은 터득하고 있기 때문입니다.

이러한 어린이의 심리와 남편의 심리가 연관성이 있다면 내객이 있을 때 남편이 전제군주처럼 행세하는 태도를 이해하고도 남음이 있으리라고 생각하게 됩니다. 그렇다면 가정에서의 남편의 횡포는 정확히 말해서 '유아성 심리의 표출'이라고 할 수 있어 현명한 부인들이 웃어넘겨도 될법한 일이 아닐까요.

13. 왜 남자는 애정표현이 서투른가

유럽의 남자나 미국의 남자들은 약속장소에서 연인을 만나게 되면

첫마디의 말이

"오늘밤 헤어스타일은 너무도 매력적입니다"

라든가

"여어— 정말로 멋진, TPO(시기, 장소, 환경)에 어울리는 코스튬 (의상) 인데요. 엘레강스한 센스가 돋보입니다."

이런 투로 찬사를 보냅니다. 그러나 우리 나라의 사나이들은 대체적으로 찬사에 인색합니다.

결혼 후에도 그 쪽 나라의 남편족들은 아내를 닉네임으로 부르고 있습니다. 내가 알고 있는 한 프랑스 사람은 절구통처럼 생긴 부인에게 '몽 비쥬'(나의 값진 보석이여!)

하고 부르는 것이었습니다. 나는 너무도 어이가 없었습니다. '저렇게 생겼어도 보석처럼 보일까? 저건 아무렇게나 뭉쳐놓은 메주덩이와 뭐가 다르단 말인가' 나는 그 말을 듣고 고소를 금치 못했습니다. 그러나 그는 조금도 거리낌이 없습니다. 이에 대해 우리 나라 남편족들은 어떠합니까? 애기라도 태어나면 "××엄마!"이라든가 "여보 나좀 봐요"——이 얼마나 빈곤하기 이를 데 없는 버캐블러리(語彙)란 말입니까?

우리 나라 남성들은 왜 이다지도 표현에 인색하고 서투른 것일까요? 그 최대의 이유는 신중한 표현을 남자의 미덕으로 생각하는 그릇된 도덕관 때문입니다.

우리 나라는 옛부터 말수가 적은 사람을 점잖은 사람으로 여겨왔으며 남의 잘잘못을 입에 올리지 않는 것을 생활신조로 삼아 왔던 것입니다.

이들은 또한 남자란 입이 무거울수록 좋다고 생각했으며 희노애락 (喜怒哀樂) 등을 경망스럽게 말이나, 표정이나, 태도로 나타내는 것을 남자답지 못한 행위라고 규정했습니다. 이와 같은 결과가 결국 일종의

‘언치(言痴)’를 만들어 놓게 된 것입니다.

특히 감정 중에서도 애정의 표현같은 것에 대해서는 전연 무능한 실정입니다. 이태리의 남성들처럼 ‘부딪치며, 행동하지 않으면 손해를 본다’는 식의 밝고 쾌활한 사교성(?)도 없으며 프랑스의 남성처럼 여성의 흥미나 관심을 기민하게 포착하여 화제를 풍부하게 전개하는 위트도 갖고 있지 못합니다.

우리 나라 남성들은 데이트를 할 때에도 여성을 에스코트하는 모습이 스마트하지 못하며 가장 중요한 사랑의 고백도 무미건조하기가 이를 데 없습니다. 프로포즈의 경우 여성이 OK의 사인을 보내더라도 그다지 감격스러운 표를 하지 못합니다. 더욱이 러브신의 장면은 참으로 어색하고 부자연스럽기만 합니다. 연애중에도 이런 식이니 정작 결혼을 한 후에는 말할 필요조차도 없을 것입니다.

여름방학이 시작되어 애들은 모두 시골 할아버지댁으로 내려갔습니다. 정말 오랜만의 단 둘만의 시간입니다. 아내는 잊혀져가는 신혼생활의 꿈을 되살려봅니다.

"여보 정말로 아름다운 달밤이예요. 우리가 데이트하던 시절이 생각나요. 당신이 내 손목을 잡고서 '결혼해 주십시오 나는 당신을 꼭 행복하게 해드리겠습니다' 이렇게 말씀하셨던 그 날 밤이 바로 오늘처럼 아름다운 달밤이었어요"

"아 그랬던가. 그러고 보니 당신하고 결혼한지도 벌써 14년이 되었구려. 그런데 당신은 조금도 변함없이 아름다워요"

이런 식의 재치있는 반응을 나타낸다면 일등급에 속할 것인데 —— 그리고 밥상 위에 맥주 한 병 쯤은 덤으로 오를 터인데 우둔하게도 '낯 간지러워서 어떻게 그런 말을 한단 말이야' 하는 생각으로 "거 쓸데없는 이야기 그만해둬 /" 이렇게 무뚝뚝하게 내뱉고 맙니다. 그래서 모처럼의 무드도 깨져버리고 맙니다.

여성들 입장에서 생각한다면 얼마나 서운하고 야속한 일일까요. 그토록 박정하고 쌀쌀한 남편이 눈물이 날 정도로 원망스럽고 얄미울 것입니다. 그러나 오해일랑 하지 마십시오. 원래 우리 나라의 남성들은 본심은 다정다감하고 애정은 깊지만 단지 표현이 서투른 언치라는 사실을 이해해 주셔야 합니다. 그러므로 남편을 당신의 힘으로 능변(能辯)이 되도록 훈련을 시켜 놓아야 합니다. 즉 기초가 되는 도·레·미·파에서부터 말입니다. 인내성 있게 그렇게 하는 동안 언젠가는 당신과 함께 즐겁게 듀엣으로 노래 부를 수 있게 될 것입니다.

14. 왜 남자는 음란한 이야기를 좋아하는가

남자들은 어찌하여 그토록 음란한 이야기를 좋아할까요? 그것은 남자란 본시 품성이 쌍스럽기 때문에 —— 하고 생각해 버린다면 더 이상

할 말이 없습니다. 이와 같은 남자들의 심리를 분석해 본다면……

첫째로, 심심풀이로 지껄이는 경우가 많습니다. 별로 부담이 없는 패거리들과 아무런 목적도 없이 빙글빙글 웃어가며 지껄이는 것입니다.

남자들은 섹스라는 것을 각박한 현실생활로부터 유리된 것으로 다루려고 하는 습성을 지니고 있습니다. 즉 당면하고 있는 현실이 단조롭고 무미건조하거나 또는 답답하고 숨막힐 때 이와 같은 종류의 한담(閑談)은 위로가 되며 기분전환이 되는 것입니다.

둘째로, 연회석상이나 술자리의 분위기를 돋구기 위해(?) 섹스에 대한 이야기를 들춰내는 경우가 있습니다. 술이 취하지 않았을 때는 진지한 얼굴을 하고 있다가도 일단 알콜이 들어가게 되면 이런 투의 화제가 나오게 되는 것은 남자의 세계에선 결코 신기한 이야기가 아닙니다.

오히려 술자리에서 딱딱하고 고리타분한 이야기를 늘어놓는 사람을 멋없는 사내, 촌스러운 사내로 간주해버리게 되는 것이 상식입니다.

그렇다면 부드러운 이야기, 재미있는 화제란 어떤 것일까요? 결국 이야기의 수준이 최저선으로 떨어져 음담패설로 진입할 때 남자들은 정신이 번쩍 들고 신이 나는 것입니다.

이 세상에 섹스에 관한 이야기를 듣고 성내는 사람은 한 사람도 없습니다. 술잔을 주거니 받거니 하면서 성(性)에 관계되는 허튼소리를 늘어놓게 되면 웬지 모르게 긴장된 분위기가 부드러워지며 훈훈해지게 됩니다. 그래서 가장 일반적인 사교의 화제로서 섹스의 이야기를 사용하게 되는 것입니다.

그런데 이러한 경우 두 가지 종류의 이야기를 들 수가 있습니다.

그 하나는 섹스의 경험이 풍부한 사람의 이야기입니다. 이런 사람의 이야기는 섹스의 베테랑다운 점을 과시하며 한편으로는 그런 행위를 추상(追想)케 하는 작용을 해줍니다. 실은 그런 이야기는 자신의 마음 속에 간직해 두어야 할 것이지만 그 체험담을 득이양양하게 이야기하는 심리—— 여성들은 좀 이해가 가지 않겠지만 남성의 세계에서는 섹스를 포함하여 무슨 일이든 '경험이 풍부한 사람'은 존경(?)을 받는 것입니다.

또 하나는 섹스의 경험이 적은 사람의 이야기입니다. 이런 사람들은 섹스의 경험이 빈곤하다는 것을 숨기려고 기묘한 허영심을 발휘합니다. 가만이 앉아서 남의 이야기를 듣고만 있으면 좋을텐데 나도 일가견이 있다고 끼어듭니다. 개중에는 자신의 경험을 과장해서 말하거나 가공의 체험담까지 늘어놓기도 합니다.

일반적으로 경험이 많은 40대 중년 남자들의 음담(淫談)은 이상하게도 핵심을 찌르며 점착성(粘着性)이 있어 추잡한 편인데 반하여 여드름기가 채 가시지 않은 젊은치들의 음담패설은 열정적인데 비하여 표현이나 유머가 빈곤합니다.

한편 직장의 독신자들한테서 가끔 들어 보는 음담패설은 대부분 성적 욕망이 저지당한데서 비롯된 토사성(吐瀉性) 이야기들입니다. 어쨌든 이러한 이야기를 서로 나눔으로써 체적된 스트레스나 긴장감을 해소시킬 수가 있는 것입니다. 즉 일종의 '성의 중화'라고 하겠습니다.

그런데 모든 직장 여성들에게 한마디 당부하고 싶은 말은 만일 직장 내에서 미혼남들이 그러한 화제로 이야기하는 것을 엿듣는다면 그들을 하등동물이라고 비웃지 말아달라는 말입니다.

비록 음담패설이라 할지라도 프랑스적인 에스프리(기지)가 가득한 멋있는 것이라면 대범하게 보아 주시도록——그들 독신남성을 대신하여 부탁을 드립니다. 결벽은 미덕입니다. 그러나 성인이 되었으면 관용의 정신을 지녀야 합니다. 간혹 이와 같은 장면에 조우(遭遇)했을 때 신경질적으로

"당신네들은 참으로 시시한 사내들이군요./ 부끄러움을 아세요./"

이렇게 히스테릭하게 소리치는 것은 좀 생각해 볼 일입니다.

'저 여자는 기숙사 사감감으로는 안성맞춤이야./'하는 남자들의 빈정거림을 당하게 될런지도 모릅니다. 그렇다고 해서 그들과 어울려 이야기의 상대가 된다는 것은 천부당 만부당한 일입니다. 최소한 숙녀의 위신은 지켜야 합니다.

사나이들 중에는 젊은 여성이 옆자리에 있으면 일부러 들어보라는 듯이 큰 소리로 이야기하는 사람이 있습니다. 이와 같은 짖궂은 행동은 여성들의 반응을 즐기려고 하는 장난기 어린 심리입니다.

이럴 때 누구보다도 앞장서서 그런 말을 하는 사나이는 여성에게 자신의 존재를 알리려고 애쓰는 녀석입니다. 정당한 방법으로 접근하려는 용기나 패기가 없는 얼간이들이 이러한 수법를 쓰는 것입니다. 그러므로 당신이 그러한 말에 반응을 표시하게 되면 덫에 치이게 되는 것

입니다. 성을 내거나 수줍어하는 태도는 모두가 손해를 보게 됩니다.

그렇다면 어떠한 행동을 취하는 것이 가장 현명한 방법이 될까요? 그것은 들어도 못들은 체 하는 무관심한 태도입니다.

그러나 이와 같은 무관심한 태도는 쉬운 일 같지만 대단히 어려운 일입니다. 그들의 이야기를 듣고도 못들은 체 한다는 것은 젊은 당신으로서는 참기 어려운 일이라고 하겠습니다. 거기에다 이와 같은 소극적인 전법(戰法)으로서는 남자들을 우쭐하게 만들 뿐입니다. 그래서 결정적인 묘수는──

"××씨! 당신은 일을 하고 계실 때에는 무척 믿음직하게 보였는데 그런 이야기를 하시는 걸 듣고 환멸을 느꼈어요"

이처럼 가볍게 제동을 걸어봅니다. 그 순간 효과는 즉각 나타납니다. 이 말을 들은 상대편은 갑자기 기가 죽어 말문을 닫게 됩니다.

15. 왜 남자는 여자의 몸에 닿고 싶어 하는가

"왜 남자들은 여자의 몸에 닿고 싶어 하는가?"의 질문에 대하여 "그건 여자가 닿기를 원하기 때문이다"──라고 대답한다면 뭇 여성들로부터 항의를 받게 되겠지요. 그렇지만…… 앞가슴이 보일듯 말듯한 드레스나 터질듯이 몸에 착 달라붙는 타이트스커트를 즐겨입는 여성이 결코 적지 않다는 것은 무엇을 의미하는 것일까요?

"농담하지 마세요. 남자들에게 닿고 싶어 한다고요? 그런게 아니라 자신을 아름답게 보이고 싶은 것 뿐이예요. 이런 옷차림을 보고 자극을 받는다면 그건 남자들의 비열한 근성때문이예요"

정말 듣고 보니 그럴듯도 합니다. 그러나 말씀입니다. "여기를 들여다 보세요…""여기도 손으로 만질 수가 있어요"라는 식의 옷차림을 하고서도 '남자는 망측하다!''남자는 추잡하다'고 매도하신다면 그건

이해하기가 곤란한 말씀이 아닐까요? 이렇게 말하는 내 말뜻을 모르는 아가씨가 있다면 다소나마 남성의 생리나 심리에 대하여 공부를 해둘 필요가 있습니다.

원래 남자들은 강한 '이성접촉욕'을 지니고 있는 것은 사실입니다. 그 까닭은 성행위란 수컷이 적극성을 발휘해야만 비로소 가능하다는 동물학적 원리와 무관하지 않습니다. 인간 역시도 이와 같은 습성을 숙명적(?)으로 지니고 태어난 것입니다.

러시아워의 만원 전철 안에서, 입추의 여지없이 관객이 들어찬 영화관 등에서 밀고 밀리는 혼잡가운데 자신의 몸이 여성의 몸에 밀착되어 꼼짝도 하지 못하는 상태에 몰렸을 때 진심으로 '기분이 좋은데'하고 생각하는 남성은 없습니다. 또한 이 세상에 "여체(女體)에 몸이 닿는 것이 죽어도 싫다!"라는 사람도 솔직히 말해서 한 사람도 없을 것입니다. 만일 그런 사람이 있다면 그는 유례가 드문 성인이 아니면 위선

자나 완전한 호모(Homo), 또는 몸이 지칠대로 지친 사나이라고 하겠습니다.

가령 '혼잡'을 빌미로 치한처럼 손으로 더듬거린다든가 이상한 짓을 하는 사나이——이런 사내가 있다면 이는 완전히 이성의 브레이크가 고장이 난 사람입니다. 이와 같이 자동제어장치가 고장이 난 사나이는 대체적으로 쓰레기에 속하는 녀석들입니다.

또한 이런 짓을 상습적으로 하는 녀석들은 여성에게 정정당당히 접근하지 못하는 나약자가 아니면 겁쟁이들입니다. 대조적으로 정상적인 사나이들은 약간 접촉의 쾌감을 즐길 뿐 그것으로 끝냅니다. 만일 순정형의 사나이라면 여체와 접촉하는 순간 기겁을 하고 몸을 움츠리게 될 것입니다.

성실하고 고지식한 남자라도 연인과 함께 데이트를 할 때에는 연인의 손이나 팔을 끼는 것이 보통입니다. 이와 같은 행위는 자신의 친밀감을 태도로써 표시하여 그녀에게 확인해 보이기 위해서입니다. 보다 정확하게 말한다면 자기자신의 태도로써 그녀의 확인을 얻고 싶기 때문입니다.

남자들은 연애관계로 발전하게 되면 어떠한 형태로든 일체감이나 소유욕을 발휘하려고 합니다. 이때 상대편 여성의 몸에 자신의 몸을 닿게 하는 것은 그와 같은 욕구를 실현시키는 제 1 단계가 되는 것입니다. 모든 일이 다 그렇지만 제 1 단계가 성공하게 되면 제 2 단계, 제 3 단계로 발전되는 것이 정해진 코스입니다.

러시아의 소설가 안톤 체홉의 희곡 '벚꽃동산' 중에 이런 대사가 나옵니다.

"당신에게 내 손을 키스시켜 준다면 그 다음엔 팔꿈치를 그리고 그 다음엔 어깨라고 말씀하시겠지요……"

그런데 제 1 단계의 접촉시의 감격은 황홀하고, 짜릿하고, 신비로운 맛을 맛보게 합니다. 그리고 제 2 단계, 제 3 단계의 경우도 그때그때마다 색다른 충격을 줍니다. 그러나 역시 뭐라고 해도 퍼스트 스텝의 감동은 질적으로 다르며 찡—하게 가슴에 와닿습니다. 그래서인지 연애론의 대가인 스탕달도 이렇게 말하고 있습니다.

"연애가 가져다주는 최대의 행복은 사랑하는 여인의 손을 처음 잡는 순간이다"라고.

남자들은 애정이 깊으면 깊을수록 상대편 여인에게 신중해지며 소심해지기 때문에 이 역사적인 제 1 보를 내딛기 전에 여러 가지의 형태로 '타진(打診)'을 시도해 보는 것입니다.

"미애씨／ 좀 더 이 쪽을 향해 걷지 않으면 위험해요"

하면서 팔목을 잡아 당긴다거나 또는

"미애씨／ 내 시계가 좀 빠른 것 같아요. 미애씨의 시계는 지금 몇시죠？"

하면서 손목을 잡아 보기도 합니다.

즉 사나이는 이렇게 하는 순간 온 신경을 집중시켜 그녀의 반응을 탐색하는 것입니다. 그리고 여자의 반응 여하에 따라 남자의 마음은 기쁨에 넘치거나 슬픔에 잠기거나 합니다. '여체에 닿는다'라는 동작에는 이처럼 델리컷한 심정도 포함되어 있습니다.

옛날 그리스도의 손이 병자에게 닿기만 하면 치유된다고 믿는 사람이 많았습니다. 피부에 닿는다라는 역학적 의미는 어떠한 힘이 작용한다는 신비적 의미를 지니고 있습니다.

어쨌든 모든 남녀간의 연애의 경우 남자들이 취하는 접촉의 행위는 그들이 지향하는 간절한 소망을 거기에 담고 있습니다. 이 머뭇거리는 접촉의 행위를 뭇 여성들이 사리를 분별치 못하고 그 모두를 '엉큼한 짓'으로 돌리지 말도록 부탁을 드립니다.── 그러나 개중에는 음탕한 생각을 가지고 치근거리는 사나이도 있기 때문에 조심하셔야 합니다.

16. 왜 남자는 여자의 나체를 보고 싶어 하는가

저 유명한 '킨제이 레포트'로 한 세대를 풍미했던 킨제이 박사가 서른 세 가지 종류의 자극으로 성적 반응을 테스트한 결과 남성보다 여성쪽이 강한 반응을 나타낸 것은 성적 묘사가 진한 영화와 애욕의 묘사가 격정적인 소설과 애무 장면의 사진 이렇듯 세 개 뿐이었으며, 다른 30개는 남성쪽이 흥분했다고 보고하고 있습니다.

3대 30──그렇다면 남성은 여성보다도 10배 정도로 호색적이라는 결론인데 과연 그럴까요? 특히 이성의 나체에 대해서는 남녀차가 더욱 현저히 나타났다고 했는데…….

확실히 남자들은 누드사진이나 스트립쇼 등에서 성적 도발이 일어납니다. 그런데 이와 같은 현상은 정확히 말해서 여성이 촉각적인데 대하여 남성은 시각적이라는 것을 의미하고 있습니다. 바꾸어서 말한다면 여성이 즉사적(即事的)인데 비하여 남성은 관념적인 것입니다. 극단적으로 말한다면 남성쪽이 여성보다도 고등동물──이렇게 말씀드리고 싶으나 여기에서는 일단 사양해 두기로 합니다.

어쨌든 색정에 관해서는 남자쪽이 공상적입니다. 알몸이 비칠 듯 말듯한 옷을 입은 여성을 보게 되면 그 속에 숨겨진 형태를 이것저것 상상해봅니다.

"남자가 여자에게 드레스를 선물하는 것은 입히고 싶어서가 아니라 벗기고 싶어서이다" 이 뜻은 무엇을 말하는 것일까요?

욕정의 강약은 그 사람이 지니고 있는 색정성(色情性)과 대상자에 대한 어프로치(접근)의 난이도와의 함수관계로 규정됩니다. 알기 쉽게 말하면, 숨기려고 하면 할수록 보고 싶어지는 것입니다.

그러므로 휘파람을 불면서 속옷을 훌훌 벗어재치는 경박스러운 여자보다도 수줍은 듯이 몸을 움츠리는 여자쪽에 성적 흥분을 느끼게 합니

　다. 그러므로 여성들은 이 점을 잊지 말도록——즉 약간의 신비성을 유지해 두는 것이 비결이라고 하겠습니다.

　그 증거로 누드사진을 사용하여 남성을 테스트해 보면 피사체(被寫體)가 우리 나라의 여자 것보다도 외국의 여자 것을 더 선호하는 편입니다. 그 까닭은 서양 사람이 몸매의 균형이 잘 잡혀있기도 하려니와 우리 나라 여성은 현실감이 지나쳐 가슴을 서늘하게 만드는 심리적 원인도 있다고 하겠습니다.

　그리고 피사체는 직접조명의 것이 아니라 음영(陰影)을 지닌 것을 좋아합니다. 또한 아슬아슬한 선(線)에서 살짝 감추어진 구도의 것에 가장 흥분을 느낍니다. 왜냐하면 그 노출되지 않은 다음 정경에의 연상이 자극적이며 가리워진 것을 제거해 보려는 공상(오히려 망상)이 매우 짜릿한 맛을 느끼게 해 주기 때문입니다.

　그런데 독신의 남성들이 이와 같은 여자의 누드사진을 자신이 거처

하는 방에 붙여 놓았다고 해서 그것을 음란한 짓이라고 낙인을 찍어서는 안됩니다. 그들의 감상태도는 우리들이 생각하는 것보다도 매우 건강하기 때문입니다. 그러나 좀 드물기는 하지만 계단밑에 지켜섰다가 계단을 오르내리는 숙녀의 미니스커트를 도둑질해 보는 사나이들은 여성들로부터 호되게 꾸중을 들어야 합니다.

"사내들은 들여다보는 악취미를 갖고 있어 정말 싫어요"

많은 여성들이 입에 올리는 틀에 박힌 말입니다만 진정 이와 같은 취미는 남성만이 가지고 있는 것일까요? 여성에게도 그와 같은 심리가 없다고는 단언할 수 없습니다. 반드시 '남자의 전업'처럼 몰아세우는 것은 아무래도 납득이 안갑니다.

어느 독신 여성이 아파트로 이사를 왔는데 3, 4일이 지난 어느 날 아파트 관리인을 불렀습니다.

"이 방은 건너편 목욕탕의 남탕이 보여서 불쾌하단 말입니다. 다른 방으로 바꾸어 주세요"

관리인은 한동안 고개를 갸웃뚱거리다가 어쨌든 직접 검증을 해 보기로 했습니다.

"이상합니다. 내 눈에는 아무것도 보이지 않습니다"

그녀는 화가 난듯이 이렇게 대답했습니다.

"무슨 말씀이세요! 거기 책상 위에 올라 서서 보란 말입니다. 욕탕 안의 남자들 알몸뚱이가 고스란히 보이지 않아요!"───실례했습니다. 숙녀님들.

17. 왜 남자는 여성에게 시선을 주는가

기묘(奇妙)한 현상이 한 가지 있습니다. 명동 거리이거나 으슥한 산책로이거나 그곳이 어디라도 상관이 없습니다. 두 쌍의 아베크족이 각

각 동과 서에서 걸어와 스치고 지나가는 광경을 연상해 보시기를 바랍니다. 거의 필연적으로 상대편의 커플을 힐끗 바라다 보게 될 것입니다. 이때 여성들은 상대편 커플의 여자를 보는 것입니다. 그러나 남성들은 예외없이 상대편 여성에게 눈길을 주는 것입니다.

그렇다면 여기에서 한 가지 의문이 생깁니다. 여성은 최초의 시선을 같은 동성에게 던지는 반면 남성은 이성에게 던지는 것입니다. 왜 이렇게 상반된 현상이 일어날까요.

남성은 '변덕스러운 심리'의 소유자이기 때문——이라고 해석하는 것이 가장 오서독스한 견해라고 하겠지요. 이 해석에서 결론을 내린다면 '가을 하늘처럼 변화가 심한 것'은 여심(女心)이 아니라 역시 남자의 마음이라고 생각하는 것이 옳을지도 모릅니다.

그렇다면 변하기가 쉽고 변덕이 심한 것은 과연 남자의 마음인가? 아니면 여자의 마음인가? 변하기 쉽다(옮겨 가기가 쉽다)는 것을 동시적으로 또는 계기적(繼起的 ; Successive)으로 불특정 다수의 이성(異性)에게 감정을 작용한다는 뜻으로 받아 들인다면 확실히 남성에게 그러한 경향이 강하다고 부인할 수가 없습니다.

가령——데이트를 끝내고 연인을 자택까지 바래다 주고 작별의 키스까지 나눈 사나이가 ……귀가 길에 전철 안에서 앞자리에 마주 앉은 여성을 보고 '야아 멋있는 몸매／ 멋있는 각선미／' 하고 생각한다면……

남자들은 아닌게 아니라 그러한 천박성을 본질적으로 몸에 지니고 있습니다. 이를 테면 꽃에서 꽃으로 날아 다니는 나비와 같은 속성을 지니고 있다는 말입니다. 하나의 꽃을 사랑하고 있으면서도 별 생각 없이 주변의 꽃들에게 눈길을 돌립니다.

이와 같은 남성의 나쁜 버릇이 여성들께서는 영 마음에 드시지 않는 모양입니다. 아일랜드의 시인이며 작가인 오스카 와일드는 '이상(理

想)의 남편'이라는 작품에서 이런 말을 했습니다.

"남자란 한 여자를 사랑하게 되면 그 여성을 위해서는 무엇이라도 다 해주겠지요. 그러나 단 한 가지 해 주지 못하는 것이 있다면 그것은 영원토록 한 여자를 사랑해 주지 못한다는 사실이다"라고.

그래서 질투심이 강한 여성은 레스토랑이나 그 어떤 장소에서 사랑하는 연인이 다른 여성을 주목하게 되면

"여보！ 무엇을 그렇게 넋을 잃고 보고 있어요！ 보기 흉하게……"
이렇게 따끔하게 주의를 주는 것입니다.

'남자란 정말 안심할 수가 없습니다. 참으로 곤란한 동물이예요'
대부분의 여성들은 이렇게 생각하실 것입니다. 이러한 견해에 대하여 무엇이라고 변명할 여지가 없습니다만——그런데 말입니다. 실은 솔직히 말한다면 이런 습성은 어떻게 할 수가 없는 일입니다. 애초부터 여성은 '이성관상(異性觀賞)'보다는 '자기현시(自己顯示)'에 보다

더 관심을 쏟는 경향이 있습니다.

무더운 여름날 해수욕장에서 화려하고 야한 수영복 차림의 여성을 보게 됩니다.

그들 여성들은 많은 남성들의 뜨거운 시선을 의식하면서 내심 즐거워합니다. '보여지는 것'이 기쁜 것입니다. 그렇지요? 여성 여러분……. 그렇다고 해서 반대로 남성들이 그런 야한 수영팬티를 입고 있다면 당신도 남성들처럼 힐끔힐끔 눈여겨 보는 그런 흥미는 설마 가지고 있지 않겠지요.

여성이 데이트하는 한 쌍의 커플과 길거리에서 마주칠 때 동성(同性)의 여인에게 눈길을 주는 것은 '저 여자의 옷이…… 핸드백이…… 구두가……'라든가 '저 여자가 꽤 이쁜데 속이 상한다' 이렇듯 무의식의 대항심에서 오는 자신과의 비교인 것입니다.

그런데 남성들은 상대편 남성과의 자기비교는 2차적인 문제. 오직 이성에 대한 관상이 주목적(?)입니다. "여기에 내가 있는데도요?"라는 여성의 불쾌감도 이해가 됩니다만 사나이들에게 이러한 심리가 없다면 진정한 남자가 아니죠. 여성관상(觀賞)에 전혀 흥미를 느끼지 못하며, 여성을 분재나 골동품처럼 사랑하는 고담(枯淡)의 경지에 이르게 되면 이제 이 사나이의 생리 기능은 거의 정지된 상태라고 하겠습니다. 당신의 연인이나 남편이 다른 여성에게 눈길을 돌리는 습성이 있다면 그는 즉 바이탈리티가 넘치고 있다는 증거란 말입니다.

18. 왜 남자는 동시에 두 사람의 여성을 사랑할 수 있는가

가끔 신문이나 잡지 또는 TV나 라디오 프로그램에서 다루어지는 신상(身上)관계의 상담에서 연인이나 부인이 있는데도 불구하고 다른 여성과 깊은 관계에 빠져 카운슬링을 요구해 오는 사람이 있습니다. 남자란 왜 이렇듯이 두 사람의 여성을 동시에 사랑할 수 있단 말인가요?

'사나이들은 동물적인 속성을 지니고 있기 때문에……''아니 양심이 없기 때문에……'하고 욕설을 퍼부을런지도 모릅니다. 그러나 분개만 하지 말고 그 이유나 원인을 냉정하게 규명해 본다면——그 까닭은 남자란 정신과 육체를 각기 구별해서 행동할 수 있다는 소위 '남자의 본태(本態)'를 알게 될 것입니다.

아름다운 연인을 갖고 있으면서도 빠의 호스테스와 호텔에 드나드는 사나이가 있었습니다. 그는 어느날 연인에게 탄로가 났을 때 이렇게 변명했다고 합니다.

"당신의 몸에 결혼할 때까지 손가락 하나 건드리지 않겠다고 나는 맹세했습니다. 그런데 그것을 참느라고 얼마나 고생했는지 당신은 상상도 할 수가 없을 것입니다. 결국 참다 못해 그런 짓을 하고야 말았습니다. 내가 이렇게 된 것도 오로지 당신을 사랑한 까닭이라고 생각해 주셔야 합니다"라고.

남자들은 애정을 갖고 있지 않은 여자에 대해서도 충분히 성욕(性慾)을 느끼는 것입니다. 이렇듯 다른 여성과 육체관계를 맺으면서도 또 다른 여성에 대하여 애정을 지니는 것은 절대로 모순이라고는 생각하지 않습니다. 즉 정신과 육체를 따로 분리해 놓고 생각하려는 처사입니다.

또 어느 신혼생활에 들어간 사나이의 이야기입니다. 그의 부인이 학창시절의 친구를 남편에게 소개해 주었더니 그만 남편이 그 여성과 정을 통하고 말았습니다. 이런 사실을 알고 난 부인은 울면서 남편을 힐문하였더니

"당신을 사랑하는 마음은 추호의 변함이 없습니다. 나는 당신을 진심으로 사랑하고 있습니다. 그런데 당신에게는 좀 안된 이야기지만 그

녀에게는 당신과 색다른 매력이 있었습니다. 용서해 주십시오”

당신보다 저 쪽 여자를 더 사랑하고 있다는 대답이라면 이혼의 결단을 내리기도 쉬우며 마음을 정리하기도 쉬울 텐데 양쪽 모두를 동등하게 좋아한다는 고백——이 무의식의 배신과 잔혹(殘酷)에는 여성들은 절망감을 금하지 못할 줄 생각합니다.

그러나 정상적인 지성을 소유한 사나이라면 한 쪽으로는 여자를 품고 있으면서도 또 다른 여자를 사랑한다는 것은 양심의 가책을 받지 않을 수가 없습니다. 그러나 바로 여기가 중요한 대목입니다. 가책을 느끼면서도 또 다른 여성을 소유한다는 것은 남자에게 있어서는 ‘즐거운 일’임에 틀림없습니다.

“연인(또는 아내)을 사랑한다. 그렇지만 또 다른 여성도 함께”——사나이의 마음은 이 꽃에서 저 꽃으로 분주하게 날아다니는 나비와 같다고 말하지만 이 꽃도 저 꽃도 지칠 줄 모르게 애무하고 싶어하는 욕심쟁이 나비가 바로 사나이의 욕망인 것입니다.

따라서 이와 같은 현상을 '남자는 변덕스럽고 싫증을 잘 느끼는 동물'이라고 해석하는 것은 약간 잘못된 결론이라고 하겠습니다. 정확히 말한다면 남자는 한 여성을 철저하게 뼈속까지 사랑하는 능력이 결핍되어 있다고 말하는 것이 오히려 적절한 표현일지도 모릅니다.

그렇다면 왜 사랑의 능력이 결핍되어 있는가? 그것은 근본적으로 정신과 육체의 분열에 있다고 하겠습니다만 또 하나의 원인으로는 항상 새것을 추구하는 심리, 미지의 것에 이끌리고 있다는 성향(性向)을 들지 않을 수가 없습니다.

남자에게는 친숙한 것에 대한 미련과 신선한 것에 대한 호기심, 이 양자의 사이를 탁구공처럼 왔다갔다하는 경향이 있기 때문입니다. 그 새로운 것에 대한 매력이 정신적인 것인지 육체적인 것인지 사나이 자신도 명확히 분간하기가 어려운 경우도 종종 있습니다. 일종의 혼란상태라고 할까요.

그러므로 이와 같은 상태에 빠지게 되면 사나이들은 자칫하면 조리에 맞지 않는 변명을 타인에게나 자신에게나 하게 되는 것입니다.

생선회를 먹고 난 다음 샌드위치를 손에 들고서 "어느 쪽이 얼마나 맛이 있는가"라는 질문을 받고 답변에 궁해 하는 것처럼……이것이 남자의 본심인 것입니다. 결국 남자들의 사랑하는 방식은 천박하고 피상적이라는 결론이 되겠지요. 지나치게 탐욕적이며 게걸스럽다고 생각할지도 모릅니다.

그러나 한마디 여성들에게 말씀드리고 싶은 것은 당신이 그이보다 훌륭한 편이라면 그는 당신을 주식(主食)에 해당되는 쌀이라고 생각할 것이 틀림없을 것입니다. 최종적으로는 쌀이 가장 필요하며 중요한 것이라고 이해하고 있을 것입니다. 나는 어느 좌담회 석상에서 저명한 소설가가

　"나는 집에 멋있는 마누라가 있기 때문에 안심하고 바람을 피울 수가 있습니다"

　하고 술회하는 것을 인상깊게 들은 일이 있습니다. 내 집 쌀통 속에는 경기산 일등미가 들어 있으므로 남의 보리밥을 몰래 훔쳐먹게 되는 —— 이러한 심리를 여성들은 알고 있는지요. 이것은 남편들의 거짓없는 진짜 말입니다. 그렇다면 이에 대한 부인들의 대책은?

　첫째, 남편의 외도를 발견했을 때에는 히스테리를 내지 말 것. 추태를 보이지 말고 프라이드를 견지하며 느긋하게 처리할 것.

　둘째, "나 역시 바람을 피우려고 생각한다면 얼마든지 할 수 있다"라고 슬쩍 자극을 줍니다. 그러나 이것은 어디까지나 자극을 주는 데 그쳐야지 실행에 옮기면 큰 일이 납니다.

19. 왜 남자는 상대편 여성에게만 순결을 강요하는가

　'내 마누라가 될 여성은 완벽한 버진(處女)이어야 한다.'

　이러한 소망을 지니고 있는 남성들은 오늘날에도 상당히 많습니다.

　그렇다면 이렇게 말하는 당사자는 과연 동정을 지키고 있는가 하면 그렇지도 못한 것이 실정인 것 같습니다.

　아무리 세상이 바뀌어도 바뀌지 않는 남자의 심리가 있습니다. 그것은 —— 자신의 동정(童貞)은 헌신짝처럼 내어 던지는 주제에 상대편 여성에게만 순결을 강요하는 남자의 심리인 것입니다.

　다 그런 것은 아니지만 일부 남성들은 기회와 용기만 주어진다면 될 수 있는대로 많이 경험을 하고 싶어하는 것이 이들의 욕심입니다. 그럼에도 불구하고 미래의 반려자가 될 여성에게 처녀성을 요구한다는 것은 아이러니컬한 일이 아닐 수 없습니다.

　그런데 남녀평등시대, 여성상위시대로 바뀌어지고 있는 오늘날, 아직까지도 이와 같은 남성들의 사고 방식이 바뀌어지지 않은 까닭은 도대체 어떻게 된 일일까요?

한마디로 잘라서 결론을 내린다면 이와 같은 남성들의 심리는 에고이즘 이외에는 아무것도 아닙니다. 자기중심주의의 생각, 뻔뻔스러운 품성이 남자들을 그렇게 만든 것입니다. 그러므로 현대를 살아가는 여성이라면 이와 같은 남성들의 생각이나 행동에 대하여 과감하게 반격을 가하는 것은 어려운 일이 아닙니다.

그러나—— 공격을 하거나 불합리성을 주장한다고 해서 개선되는 것이 아닙니다. 근본적으로 남성들의 심리구조가 어떻게 되어 있길래 그와 같은 현상이 일어나는가를 분석해 볼 필요가 있습니다.

우선 첫째의 원인은, 남성들은 여성의 처녀성에 대하여 일종의 '동경심'을 갖고 있는 것입니다. '동경심이라고요? 그건 옛날 이야기가 아닌가요?' 이렇게 여성들은 생각하실지 모르지만 천만의 말씀입니다. 현대 역시도 그러한 생각을 갖고 있는 것이 남자들의 심리입니다.

간혹 주간지나 잡지 등에서 처녀성 상실에 대한 기사가 실려 '버진의 격감'을 떠들어 대고 있는데 '처녀성의 희소가치(稀少價値)'가 높아지고 있는 것만은 사실입니다. 처녀성을 깨끗하게 보존한 여성을 신부로 맞이한 신랑이 감격하는 예도 적지 않습니다.

그러나 이런 것과 관련하여 둘째로, 자신이 불결하기 때문에 오히려 결혼대상자의 순결을 바라는 남자의 심리가 있습니다. 모순이라고 말하면 틀림없이 모순된 일이지만 자신의 몸이 더럽기 때문에 다른 사람의 손때가 묻은 여자를 아내로 맞이하는 것을 본능적으로 싫어하는 심리가 작용하는 것입니다. '잃어버린 시간을 찾아서'라는 대작(大作)으로 일약 유명해진 프랑스의 작가 프루스트는 그의 수필집 「즐거움과 나날」중에서 이렇게 기술하고 있습니다.

"처녀성을 바라는 방탕아(放蕩兒)의 염원은 자신의 애정이나마 순결

하게 바치려고 하는 진실이라고 할 수 있다"라고 말했습니다.

셋째로는, 남자의 자신감 부족을 들 수가 있습니다.

'과거에 사귀던 남자와의 섹스를 연상하고 있는 것이 아닐까?'또는 '내가 비교를 당하고 있는 것이나 아닐까?……' 참으로 한심하기 그지 없는 사나이가 아닐 수 없습니다.

이와 같은 사나이로부터 불안감이나 공포심(?)을 제거하게 된다면 웃음거리가 되는 처녀막 숭배(?)는 소멸되고 말 것입니다. 그 뿐만 아니라 순결은 육체보다도 정신에 달려 있다고 인식이 바뀌어지게 될 것입니다.

실제로 무엇을 순결로 보느냐 하는 것이 문제입니다. 그 옛날 조로아스터교를 신봉하는 민족들은 무녀가 될 젊디젊은 처녀는 신에게 봉사할 자격을 얻기 위하여 사원을 참배하는 순례자를 계속 육체적으로 접촉하여 2백 명째가 되는 사나이와 결혼한다는 계율이 있었다고 합니다. 이렇게 하여 무녀가 된 이 여인은 신을 인간에게 중계하는 성녀(聖女)로서 가장 '순결'한 여인으로 떠받들고 있다 합니다.

그런데 한 장의 막(膜)에 집착하는 우리 나라의 미혼 남성들은 진심으로 애정을 느끼는 여성을 만나게 되면 상대편의 육체를 요구하려는 마음과 주저하려는 마음, 이 두 가지 마음의 갈등을 경험하는 것입니다.

이렇듯 그들은 심리학에서 말하는 '진자반응(振子反應)'을 나타내는데 요구하고서는 주저하며, 주저하고서는 다시 요구하는—— 마치 시계추가 왔다갔다 하듯이 마음의 동요를 일으키는 것입니다.

가령 그들이 조금도 주저함이 없이 육체를 요구한다면 델리커시(纖細)함이 결여된 거칠은 성격의 소유자이거나 아니면 그녀를 별로 사랑하지 않고 다만 섹스의 대상으로 밖에 보지 않는 것일런지도 모릅니다.

아내가 되어지기를 원하는 여성에 대해서 교제를 하는 기간중 그것을 열렬하게 요구하기도 하지만 반면, 부드럽고 의연하게 남자의 요구를 거절해 주었으면 하는 바램도 남성에게는 있는 것입니다.

그러므로 "처녀성을 결혼할 때까지 지켜야 한다는 생각은 시대에 뒤떨어진 생각이며 넌센스예요"하는 진보파적 사고를 가지고 섹스의 면에서 남녀의 기회균등을 실행하려고 하는 숙녀들은 그리 영리하다고는 할 수 없습니다.

20. 왜 남자는 질투를 하지 않는 듯한 태도를 취하는가

질투심은 남성보다 여성쪽이 강하다고 믿고 있는 사람이 있습니다. 그런데 천만예요. 남자들도 질투심이 보통이 아닙니다. 질투라는 한문자는 '嫉'과 '妬'로 되어 있는데 모두가 계집녀(女)자 변으로 되어 있습니다. 그 까닭은 글자를 만들어 낸 사람이 남자이기 때문입니다. 그러나 질투의 강도에 있어서 남성은 여성보다 강할지언정 약하지는 않습니다.

그러나 양자 사이에는 표현방식이 다를 뿐입니다. 여성은 질투를 불태울 경우 비교적 스트레이트하게 나타냅니다만 남성은 그것을 은근히 숨기려고 합니다. 즉 '질투를 하고 있으면서도 그렇지 않는 듯한 태도'를 보이려고 합니다. 그 까닭은 무엇 때문일까요?

이유는 단순히 사회풍습 때문입니다. 우리들의 사회에서는 질투를 하는 남자를 사내답지 못하다고 경멸하는 풍습이 있습니다. 외국의 경우도 그렇습니다만 양반이나 선비정신을 중시하는 우리 나라 남성에게는 특히 그러한 의식이 농후합니다.

"남자란 질투 같은 것은 해서는 안된다"

"사내 녀석이 질투를 한다는 것은 수치스러운 일이야"

── 이러한 사회적, 도덕적인 습관이 이 나라 사나이들의 마음 속에 깊이 뿌리를 내리고 있습니다.

'풍습에 의한 것'이라는 해석에 의문을 제기하는 사람이 있다면 그 증거로서 사회가 달라지면 반대현상도 나타난다는 예를 들어 보겠습니다.

여성의 문화인류학자로서 유명한 마그렛 미드는 25년 동안에 걸쳐 남태평양의 원주민들의 생활문화에 대해 조사했는데 뉴기니아에 살고 있는 챈브리족(族)의 경우 남자는 피리를 불거나 춤을 추거나 그림을 그리거나 조각을 하면서 놀다시피 하는데 여자들은 열심히 일하여 남자들을 먹여 살린다고 합니다. 그 뿐만 아니라 다른 부족으로부터 침공을 당하게 되면 여자들이 일제히 무기를 들고 대항을 합니다.

이런 사회에서는 남자쪽이 훨씬 질투심이 강하며 거기에다 여자에

대해서도 매우 저자세라고 합니다. 모든 결정권도 여자가 가지고 있으며 그때그때 적절한 판단을 내린다고 합니다.

그런데 우리 나라 남성에게는 질투의 솔직한 표현이 사회통념상 또는 풍습상 허용되고 있지 않습니다. 가령 여성이 질투를 했을 경우는 "당신！ 질투를 하고 있구려！"하면서 애교있게 받아 주지만 남자가 질투라도 하게 되면 "여봐요！ 못나게 사내가 질투를 하다니……"하면서 핀잔을 주는 것입니다.

그래서 남자들은 도저히 질투심을 억누르지 못할 경우에는 질투의 형태를 교묘하게 위장하여 표출합니다. 우선 마음 속에서 두서너 번 굴절시킨 다음 그제서야 표면에 내어 놓습니다. 이와 같은 남자들의 위장전술을 여성들은 알아두는 것이 좋습니다. 만일 당신을 사랑하는 연인이

"참！ 애란씨가 어제 저녁 미스터 A와 연주회에 다녀 오셨다구요？"

하면서 아무렇지 않은 듯이 묻고 나서는

"그 친구…… 클래식 음악에는 아주 정통하단 말입니다. 그 친구와 함께 다니게 되면 음악에 대해 배울 점이 많을껩니다"

이때 연인이 무슨 말을 지껄여도 그의 속임수에 걸려 들어서는 안됩니다. 연인은 한술 더 떠서

"애란씨! 참 잘 했어요. 나는 무식한 탓인지 연주회 같은 건 생리에 맞지 않아요…… 그런데 연주회가 끝난 후 집까지 데려다 줍디까?"

이런 식의 말투라면 현재 그의 심기가 몹시 불편한 상태에 있다는 증거입니다. 이와 같은 상태에 이르게 되면 더 이상 미스터 A에 대한 이야기는 입에 올리지 않는 것이 상책입니다. 그 이후의 화제라면 고작 "사람들이 많이 왔던가요?" 정도로 끝나버리게 되는 것입니다. 그리고 수개월이 지난 후 미스터 A에 대한 이야기가 다시 나오더라도

"아 그 사람 말이예요? 난 그 때 일 다 잊어버리고 있었어요……" 라는 식으로 무뚝뚝하게 대답하는 것입니다.

21. 왜 남자는 여자의 과거 이야기를 듣고 싶어 하는가

"당신! 나하고 교제하기 전에 좋아하는 사람이 있었죠? 누구지? 무엇하는 사람이지? 그게 언제 때 일이지?"

때로는 카운슬러처럼 부드럽고 상냥스럽게 그런가 하면 형사처럼 집요하게 여성의 과거를 추궁하는 남성! 이렇듯 끈덕지게 달라붙는 습성이 도대체 어디에서 나온 것일까요. 연애관계로 발전되면 여성측에서는 이처럼 파고들지 않는데 남성측은 온갖 수단을 다 써서 알아 내려고 하는 그 심사는 과연 무엇일까?

우선 첫째로, 남성은 여성 못지않게 질투심이 강하기 때문입니다.

질투심이라고 한다면 여성들의 전매특허(專賣特許)처럼 생각하는 것은 인식부족에서 온 말입니다. 이 남성들의 질투심에 대해서는 이미 앞 장(章)에서 언급했기 때문에 여기에서는 생략하기로 합니다.

남자가 여자의 과거에 대하여 알고 싶어 하는 것은 질투심 때문만이 아닙니다.

둘째 원인은, 남자는 여자보다 독점욕이 강하다는 데 있습니다. 현재 상대하고 있는 여자를 연인으로서 독점하는 것만 가지고는 만족할 수가 없으며 과거까지도 점유하고 싶다고 생각하기 때문입니다. 이와 같은 독점욕이 비정상적으로 확대하게 되면 그녀가 가족이나 친구들과 친하게 지내는 것조차도 못마땅하게 생각하는 것입니다. 심지어 애완동물을 귀여워하는 것조차도 싫어합니다.

일분일초라도 자기 이외의 어떤 것에 대해서도 마음을 주는 것을 달갑게 여기지 않는 심리를 발휘하게 되는 것입니다. 극단적으로는 이탈리아의 작가 다눈치오의 소설「죽음의 승리」처럼 강제정사(强制情死)를 해서라도 자기 것으로 만들려고 합니다.

셋째로는, 이상하게 생각할지 몰라도 그녀의 과거를 알아야 할 권리가 있는 것처럼 착각하는 심리가 그의 가슴 속에 깊이 자리잡고 있기 때문입니다. 여성의 경우 한 남성을 진실되게 열렬히 사랑하게 되면 ‘현재’의 만족감에 사로잡혀 ‘미래’를 꿈꾸게 되며 따라서 과거 따위는 마음에 두지 않는 심리를 지니고 있습니다.

이와 같은 심리가 되면 “소위 남자인데 과거에 여자들과의 경험이 없다고는 할 수 없겠지… 그런 것을 꼬치꼬치 캔다고 해서 별 수가 없지 않아?”

이처럼 체념에 가까운 관용이 작용합니다. 즉 남자들의 방탕을 대수롭지 않게 여기는 사회적 관습을 무의식중에 받아 들이는 것입니다.

그러나 여자의 단정치 못한 행실은 절대로 용서할 수가 없다는 사회

적 통념 같은 것을 남자들은 뜻밖에도 의식 속에 간직하고 있는 것입니다. 그래서

"미래의 반려자로 삼을 것인가의 여부를 결정할 단계에서는 일단 그 점을 분명히 해 둔다는 것은 당연한 일이 아니겠는가"라고 남자들은 생각하는 것입니다.

이러할 경우 가볍게 물어보는 정도로 그칠 것인가, 아니면 철저하게 물어 볼 것인가 하는 것은 그 남자의 성격에 달려 있는 것입니다. 내성적인 남자 같으면 그 문제에 대하여 꼬치꼬치 캐어 물을 것입니다. 여자가 한 가지를 고백하게 되면 제 2 의 고백을 강요하게 되며, 제 2 의 고백을 듣게 되면 제 3 을 추궁하여 몰아 세웁니다.

가끔 신문이나 잡지의 상담란에서 '지난 과거를 고백할 것인가'하는 고민을 발견하게 됩니다. 앞에서의 케이스로 미루어 볼 때 고백하지 않는 것이 무난합니다.

　이상적이라면 지난 과거를 모두 털어놓고 완전히 이해가 성립된 다음에 결혼하는 것이 바람직한 일이기는 하지만 현실적으로 그것은 불가능한 일입니다. 여자의 고백을 듣는 순간 마음이 흔들리는 남자라면 헤어지더라도 조금도 서운하지 않겠지만, 그 장소에서는 깨끗하게 용서를 하고 이해를 해 주었지만 결혼 후 몇 년이 지난 다음 그 문제가 응어리로 남아 있다가 뜻하지 않게 불씨가 되는 수도 많습니다.

　어쨌든 남자들은 "지나간 과거는 다 불문에 부칠테니까…"라든가 "지나간 과거에 대해서는 절대로 마음에 두지 않을 테니까…"하는 식의 유도화법으로 사소한 교제 내력까지 알아 내려고 합니다.

　그리고 다 듣고 난 다음에는 "솔직히 이야기 해 주어서 고맙소"라고 그 당시 무난하게(?) 넘어갔던 일이 그 후 어느날 밤 술이 만취되어 아내의 전력(前歷)을 들추어내어 공격을 한다거나 그런 일을 방패삼아 묘한 자기변호의 무기로 삼기도 합니다. 그러므로 경솔하게 고백했다가 그것이 불발탄의 위험을 지니게 하는 우(愚)를 범하지 않도록 하는 것이 현명합니다.

　요즘 미스들이나 젊은 미세스들 중에는 상대편 남자가 자랑스러운 듯이 과거를 털어놓게 되면

　"흥 인기가 있었던 것은 당신만이 아니예요. 나 역시도……"

　이렇듯 대항의식을 가지고 거침없이 지껄이는 여자들이 있는데 이것은 어리석은 짓입니다.

　넷째로는, 남편이나 연인이 추궁하면서 캐물을 때 가장 효과적인 말은 "온리 유(오직 당신만이…)"라는 말입니다.

　"당신을 이토록 사랑하는 것은 난생 처음이예요. 이 세상에 당신만이 나의 전부예요"

　이처럼 사나이의 귀를 즐겁게 해 주는 말이 어디에 또 있단 말입니까. 그 순간 사나이는 기뻐서 어찌할 줄 모르게 되며 여자의 그 말을

걸르지 않고 액면 그대로 받아들이는 것입니다.

22. 왜 남자는 연애와 결혼을 구별하고 싶어하는가

남성은 어쨌든 '연애는 연애, 결혼은 결혼'이라는 구별된 생각을 지니는 경향이 있습니다. "미혼시절에는 얼마든지 연애를 해도 좋다. 연애체험이 많으면 많을수록 인생은 즐거운 것이 아니겠는가. 그렇다고 해서 그녀들과 다 결혼을 한다는 것은 있을 수 없는 일이다. 어디까지나 연애는 연애, 결혼은 결혼일 수밖에……"

이와 같은 생각을 지닌 남자들이 오늘날 많이 있습니다. 이들의 생각들을 더 분명하게 말한다면

'청춘시절, 한 번 쯤은 결혼이 전제되지 않는 연애편력은 있어서 좋은 일이다'

라든가

'연애를 한다고 해서 곧장 결혼으로 결부시키려고 하는 여성은 딱 질색이다'

라고 생각하는 사람도 적지 않습니다.

이와 같은 남성들의 심리 깊숙이에 메스를 넣고 해부를 해 보게 되면 남자의 정신구조는 다음과 같이 이중구조로 되어 있음을 알 수가 있습니다.

그 하나는 '연애란 즐기는 것이고, 결혼은 세금을 바치러 가는 것과 같은 것'이라는 이중성 심리인 것입니다.

미국의 유머 작가 제임스 서어버는 이런 말을 글로 옮겨놓고 있습니다.

"어떤 남성이라도 약혼식이 끝나게 되면 다음과 같은 후회를 하는데 '내가 너무 경솔했어! 스물 네시간만 더 참았더라면 더 멋있고 이상

적인 여성을 발견했을지도 모를 일인데···'하는 심리를 소유하고 있다”

아마도 이 친구의 이와 같은 궤변(?)에 대하여 다혈질의 여성들은 분개하실지 모르지만 이 작가의 말은 비교적 남성들의 진심을 그대로 말해주고 있는 것입니다.

물론 사랑하는 여성과 결혼으로까지 골인한 것은 남자에게 있어서도 기쁜 일임에는 틀림이 없습니다. 더욱이 많은 하객(賀客)들 앞에서 결혼을 서약할 때의 감격은 이루 헤아릴 수 없을 만큼 벅찰 것입니다. 그러나 그와 동시에 ‘아 / 이것으로써 뭇 여성들과의 교제는 끝나고 말았다’고 하는 아쉬움도 머리 속에 남게 됩니다.

즉 결혼이라는 것은 남자에게 있어서는 때로는 ‘목표’가 아니라 ‘결과’에 지나지 않는 일입니다. 그렇다고 해서 결혼으로 골인하게 된 것을 후회한다는 말이 아닙니다.

다시 말해서 ── 남자들은 연애의 프로세스(過程)에는 정열을 불태

웁니다만 거기에 안주하는 것에는 그다지 흥미가 없다는 말입니다. 바꾸어서 말한다면 다음다음 것을 추구하여 새것을 손아귀에 넣으려고 하는 사냥꾼의 생리를 지니고 있다는 말입니다. 안리 다루멜러는 비교적 정확하게 남성의 심리를 다음과 같이 표현하고 있습니다.

"연애를 하게 되면 남자는 거기에다 캠프를 치고 싶어 하는데 반해 여자들은 거기에다 집을 짓고 싶어 한다"

참으로 옳은 말입니다. 요즘 연애의 개념도 퍽 변질이 되어서 연애를 플레이 또는 엔죠이 정도로 명쾌하게 결론을 짓는 여성들이 늘어난 듯 합니다. 이렇게 되면 여성 캠퍼(야영자)도 증가하겠지요.

어쨌든 남자들 가운데는 '결혼은 남자들의 무덤'이라고까지 생각하는 사람이 있다는 것을 여성들은 알아 두셔야 할 것입니다.

마지막 하나는 '연애상대와 결혼상대를 구(求)하는 조건이 각기 다르다'라는 이중성입니다.

연애 상대자는 뛰어난 미인으로서 몸매가 아름답고 상냥하고 세상물정에 밝고 놀기를 좋아하며 교제상 즐거움을 주는 여성이 좋다.

그러니 이러한 여인을 아내로 맞이한다는 것은 생각해 볼 문제가 아닐까? 적어도 결혼 상대자가 되려면 신체가 건강하고 자녀교육을 위해서는 교양과 지성을 갖추고 있어야 하며 마음씨가 착하며 성품이 온순하고 음식 만드는 솜씨가 좋은 여성이라야 한다.

—— 이렇듯 여성에게는 두 가지의 종족(種族)이 있다고 남성들은 생각하고 있습니다. 말하자면 '애완용, 관상용'과 '실리용 생활지향성'의 두 가지입니다.

23. 왜 남자는 직업여성에게 순진함을 바라는가

이유는 간단하지요. 남자들은 꿈을 지니고 있는 낭만주의자들이기

때문입니다. 유흥업소에 순진한 풋나기 호스테스가 있었으면 한다고요? 이런 말을 선량하고 정숙하신 사모님들께서 들으신다면 "원 미친 소리를…"하고 대꾸조차도 안하실 것입니다. 남자들 역시도 그와 같은 생각을 미친 생각 이라고 일소에 부칠런지 모릅니다. 그러나 막상 술자리에 앉게 되면 자신도 모르는 사이에 그런 생각을 해 보게 되는 것입니다.

대체적으로 '이성(異性) 자극'에 대해서 여성들은 굴절된 반응을 나타냅니다. 여자 마음은 복잡하여 갖가지 파문을 일으키며 미묘한 진폭을 보여 주는데 남성들은 비교적 솔직하게 스트레이트로 반응을 나타냅니다.

"나는 그처럼 단순한 사내가 아니야 /"

이렇듯 항변하는 사나이도 있겠지요. 그러나 그것은 자기 인식이 부족한 탓입니다. 좀 편견된 이야기 같지만 칭찬이나 찬사에 약한 것은 여자보다도 남자가 더합니다.

"김선생님! 요즘 참으로 뵙기 힘들어요. 혹시 다른 여자하고 바람이라도 피우는 것 아니예요? 나를 속상하게 만들지 말아요"

이런 식으로 나오게 되면 '요것이 장사속으로 아양을 떠는구나'하고 생각을 하면서도 별로 싫지 않는 기분이 되어집니다. 거기에다 여자 쪽에서 더욱 적극적으로 "오늘밤 당신과 함께 지내고 싶어요. 외롭고도 쓸쓸한 이 여인은 당신의 전화만을 기다리고 있어요" 이런 투의 카드가 던져지면

"본심이 아닌 줄 알면서도 저녁 때 전화라도 한 번 걸어 볼까"

하면서 공연히 가슴이 설레이게 됩니다. '혹시나 그녀가……'하는 가냘픈 기대감마저 가지면서…….

복권을 사게 되면 자신이 당첨되리라는 예상은 여성보다 남성쪽이 훨씬 높다는 어느 심리학자의 통계도 있습니다. 이것 역시 남성이 허황한 꿈이 많은 낭만파이기 때문입니다.—— 즉 바꾸어서 말한다면 남성은 여성보다 사람이 좋고 어리석다는 증거입니다.

일반적으로 남자들은 여자의 말이 거짓말인 줄 알면서도 그대로 믿고 싶어 하는 심리가 있습니다.

나의 친구 가운데 엽색기질이 있는 플레이보이가 한 사람 있었습니다.

"아가씨는 다른 호스테스와 어딘가 다른 점이 있어요. 당신은 아무리 보아도 이런 곳에 있을 사람이 아닙니다. 무슨 곡절이 있지요?"

이런 수법으로 무려 열두 사람의 호스테스와 잠자리를 같이 했는데 그러한 그가 어느날 나에게 정색을 하면서 말하기를

"여보게 세상에는 순정을 가진 호스테스도 있더군……"

나는 속으로 웃음을 지으며 감탄했습니다. '이 세상에는 그 녀석보다도 한 수 위인 접대부도 있구나'하고.

24. 왜 남자는 공처가가 되기를 원하는가

미국의 유명한 정신분석학자가 우리 나라에 초청을 받고 강연을 하러 온 일이 있습니다. 모든 일정을 마치고 귀국길에 오르기 전날 밤 어느 호텔에서 송별 파티가 있었는데 그 석상에서 그분은 이러한 이야기를 했습니다.

"내가 본국에 있을 때에는 이 곳은 '남성천국'이라고 들었는데 막상 와서 보니 거의 대부분의 남자들에게 유아성(幼兒性) 기질이 있는 것을 발견하고 약간 측은한 느낌이 들었습니다"라고.

즉 우리 나라 남편들은 손님 앞에서는 "이봐！ 차를 가져와""이봐！ 술 가지고 와"하는 투로 큰 소리를 치지만 마누라가 외출이라도 하는 날엔 앞치마를 두르고 부엌에서 저녁밥을 짓는 하녀로 전락되고 맙니다. 이와 같은 행동은 정신분석학적 측면에서 볼 때 어머니 말에 맹종하는 유아심리와 구조상 흡사하다고 해서 '유아성 성향'이라고 이름 붙이는 것입니다.

요즘의 남편들은 집안에서는 어린이 취급을 당하기가 일쑤이며 무슨 일이든 여편네로부터 '봉건적이다'라고 비난을 받기 때문에 도무지 집안에서 설 자리가 없어졌습니다. 그래서 영리한 사나이들은 일부러 공처가로 전향(轉向)하는 사람이 많습니다. 그들은 '공처가 노릇을 하는 것이 원만한 가정을 유지할 수 있다'는 진리를 깨달았기 때문인 것입니다.

여편네한테 우쭐대고 뽐내는 행위는 하찮은 사나이들이 하는 짓으로서 '똑똑한 남자'들은 마나님을 두둔하며 앞에 내세웁니다. 약한 개일수록 시끄럽게 짖는다고 하지 않습니까. 하물며 백수(百獸)의 왕 격(格)인 사자처럼 남자가 품격을 갖추게 된다면 암캐가 시끄럽게 짖어대더라도 태연하게시리

"음 알았어요. 당신 좋은대로 하시오" 이렇게 으젓하게 나오게 되는 법입니다.

여하튼 공처가가 되면 대단히 마음이 편해집니다. 가정만사를 아내가 책임지고 해 주게 될 것이며…….

"잘 다녀 오셨나요. 자 세탁할 게 있으면 이리 내놔요"

"저녁 식사예요. 신문은 나중에 보고 진지나 드세요"

"텔레비젼은 그만 보시고 빨리 주무세요"

어쩐지 기숙사의 사감 선생님 감독하에서 생활하고 있는 듯한 기분이지만 그러나 벨트콘베이어에 실려진 것처럼 편하게 모든 것이 척척 진행되기 때문에 '공처가'라도 제법 견디어 낼 만한 일입니다. 이와 동시에 그녀의 모성본능(母性本能)까지도 적당히 충족시켜 줄 수 있다면 일거양득이라고 하겠습니다.

옛날 프로휴모 사건을 기억하고 계시는지요. 영국의 육군 대신이 남몰래 정부를 두고 있었습니다. 그런데 그 정부의 정체가 스파이였는데 군의 중요한 기밀을 훔쳐 공산권에 흘려 보낸 것이 탄로가 나서 큰 소동이 일어났습니다.

이 사건으로 인하여 영국 국민들은 노발대발했는데 가장 분격한 사람이 육군 대신의 영부인이였다는 사실은 두말할 필요조차 없습니다. 그런데 이 대신은 평소에 대외적으로 지독한 공처가로 소문이 나 있었던 것입니다. 그러니까 그는 이 공처가연(恐妻家然)한 자신의 생활태도를 외도의 속임수로 사용했던 것입니다.

이 사건은 결코 남의 이야기가 아닙니다. 혹시 —— 사모님! 사모님 바로 옆에도 공처가로 위장한 지킬 박사와 하이드씨 같은 이중인격의 각하가 안계신다고는 할 수 없기 때문에 몸조심을 바랍니다.

물론 모든 남성들의 심리가 이렇듯 이중구조로 되어 있다는 말은 아닙니다. 거짓없는 진짜의 애처가 겸 공처가도 있으니까 말입니다. 이런 남편들은 오랜 세월의 부부생활을 통하여 아내의 손에 의하여 거의 완벽할 정도로 사육되고 조교(調敎)된 남편들입니다.

그러나 말입니다. 아무리 잘 사육되었다 하더라도 본성까지 바꾸어 놓을 수는 없으며 그것이 뜻밖의 일이 생겼을 때 느닷없이 본성을 들어내는 일도 있습니다. 남편의 심층심리 속에서 '모반(謀反)의 성정'을 빼어 버린다는 것은 여간 어려운 일이 아닙니다.

옛날에 공처가가 한 사람 있었는데 돌연 그의 사랑하는 부인이 급환으로 세상을 떠나고 말았습니다. 비탄과 애통에 잠겨있는 사나이의 모습은 여간 보기가 딱하질 않았습니다. 그런데 염라대왕도 그를 동정했음인지 고인의 관이 집을 나서는 순간 문지방에 부딪히는 충격으로 부인을 소생시켜 주었습니다.

그런데 되살아난 부인은 아무래도 단명이였음인지 그 후 몇 년 살지 못하다가 다시 세상을 뜨고 말았습니다. 그런데 —— 시신이 묘지로 운

구되던 날 사람들이 관을 들고 방을 나서려고 할 때 그 공처가는 황급히 이렇게 말했습니다.

"여보시오 여러분들./ 이 관이 또다시 문지방에 부딪히지 않도록 조심해 주십시오./"라고.

25. 왜 남자는 부인의 출산을 수줍어 하는가

오늘날 샐러리맨들 중에는

"아내의 출산 예정일이 박두해서……"

라는 이유로 휴가원을 제출하는 사람이 불어나고 있습니다. 그리고 산부인과 병원의 복도를 부산하게 왔다갔다 합니다. 출산을 예고하는 진통이 시작되면 아내의 침대 머리맡에 앉아서

"여보./ 힘을 내요./"

하면서 격려까지 해줍니다.

양반전통문화의 피를 잇고 있는 우리 나라 남성들도 훌륭한 페미니스트(女權擴張論者)가 되어진 것입니다. 이 정도의 남편이라면 부인의 출산에 대하여 수줍어하거나 하지 않겠지요.

그러나 오늘에 와서도 수줍어하는 남편족들이 많이 있습니다. 왜 그럴까요? 그 이유는 즉 애기를 만들어 놓은 공동 책임자이기 때문이라는 점입니다.

사나이들의 이와 같은 생각에 반해 여성쪽에서는 오히려 자랑스러워합니다.

"나는 어머니가 될 자격과 능력이 있단 말이예요"하면서 말입니다. 그러므로 공원의 벤치에 앉아 있는 아내는 불룩하게 나온 큰 배를 어루만지면서 "이제 얼마 후에는 엄마가 되어 귀여운 애기를 품에 안을 수가 있어요"하면서 기쁨을 감추지 못합니다.

　그러나 옆자리에 앉아 있는 남편은 아내와 같은 심정은 아닙니다. '내 자식'이라는데 그다지 실감을 느끼지 못합니다. 왜그런지 간접적인 기분을 떨칠 수가 없습니다.

　이때 두 사람이 앉아 있는 벤치를 흘깃흘깃 눈여겨보면서 지나가는 행인들의 눈초리……。

　"흐흥 저 녀석이 애기를 만들어 놓은 장본인이로군"

　하는 무언의 소리를 온몸에 의식하는 것입니다.

　이들 제삼자가 입에 올린다고 생각되는 '흐흥……'이라는 표현의 뉘앙스가 실은 마음에 걸리는 것으로서 그것은 축하나 경사의 감정이 아니라 코믹한 정경을 보는 의사표시처럼 느껴집니다. 이와 같은 상황에 놓여 있는 자신은 무엇인가 만화 속의 존재처럼 생각이 드는 것입니다. 그러니 수줍어하지 않을 수가 없습니다.

　실제에 있어 주위 사람들은 무감각함에도 불구하고 그런 식으로 받아들이는 것입니다. 이와 같은 사나이(남편)들의 심리는 상상과잉증에 걸려 있다고나 할까요…….

한마디로 말해서 애기의 출산 직전까지는 애기아빠로서의 순수한 기쁨을 사나이들은 느끼지 못한다는 말입니다.

마침내 무사히 순산. 산실로부터 우렁차게 들려오는 고고성(呱呱聲). '아 잘했다!'라는 안도감과 함께 '이제 정말로 아빠가 되었구나!'하는 감동이 가슴을 벅차게 만듭니다.

그리고 다음 순간 애기와의 초대면—'이 애가 내 자식이로군'하는 감격과 더불어 이 사실을 관념적으로 이해하게 됩니다. 그러나 여성들처럼 혈육을 나눈 분신이라는 실감까지는 느끼지 못합니다. 단지 경이롭고도 신기한 생명체에 접하는 감정을 맛볼 따름입니다.

이때 주위 사람들이 애기얼굴이 아빠얼굴과 빼닮았다는 말을 듣고서야 '아! 이제야 아빠가 되었구나…'실감하게 되는 것입니다. 그러니 사나이들은 아내의 출산에 대하여 수줍어하지 않을 수가 없을 밖엔….

Ⅱ

여성 심리 연구

Ⅱ. 여성 심리 연구

26. 왜 여자는 눈물을 잘 흘리는가

학교 졸업식이 있던 날. 그토록 불평스러웠던 학교인데도 막상 졸업장을 손에 쥐고 떠나려고 하니까 기쁘기는 고사하고 눈물이 앞서게 됩니다. 정다운 친구들과 서로 어깨를 껴안으며 "잘 있어! 부디 행복해!"하면서 울음보를 터트립니다.

행복스러운 결혼식 날. 엄마와 아빠의 축복을 받으며 또 한 번 눈물의 홍수.

자녀들의 즐거운 입학식 날. 좋아라고 뛰노는 아이들의 모습을 보며 또 다시 감격의 눈물.

여자의 생애는 눈물의 일생 —— 슬픈 때라면 몰라도 기쁜 때에도 곧잘 눈물을 흘리는 까닭은 도대체 어떠한 이유에서일까요? 생리학적으로 볼 때 여성이 남성보다 누선(淚腺)이 굵지도 않은데 어찌하여 여자들은 눈물이 많을까요?

그런데 이상한 일은 정거장에서 친한 사람과 헤어질 때 서로 손을 부

여잡고 눈물을 흘리면서 —— 꽤나 애석하게 석별(惜別)의 정을 나눕니다만 전송을 끝내고 돌아오는 길에는

"우리 제과점에 들려 파이나 한 개씩 먹고 가지 않겠어?"

하는 식으로 언제 눈물을 흘리며 가슴아파 했느냐의 모습들.

이와 같은 심리를 심리학적 측면에서 설명한다면 여성들이 눈물을 자주 흘리는 까닭은 '쾌감'과 연계되어 있기 때문이라는 것입니다. 여성들이 헤프게 눈물을 흘릴 때 그들은 일종의 카다르시스(마음의 평화)를 느끼기 때문입니다. 속(俗)된 말로 표현한다면 가슴이 후련하고 시원하다는 것입니다. 즉 눈물의 바다 속에 빠져 허우적거리며 표류하는 자신을 즐기려고 하는 심리가 작용하기 때문입니다. 이런 것의 가장 전형적(典型的)인 것이

"여보……모두가 내 잘못이예요. 때려서 속이 후련하시다면 저를 마음껏 때려주세요"

하면서 훌쩍거리는 케이스. 그런데 여자가 이렇게 나왔을 때 "그럼 당신 요구에 따라서……" 하면서 진짜 여자에게 손찌검을 하는 남자들은 아마도 없을 것입니다.

"아아 알았어…… 이젠 그만 두자구"

대부분의 사내들은 여자가 눈물을 흘리며 하소연을 하게 되면 마음이 약해지고 맙니다.

그런데 여기에서 사나이들이 확실히 명심해 두지 않으면 안될 일이 있습니다. 그것은 자신이 눈물을 보이게 되면 적(敵)은 더이상 공격해 오지 않을 것이라는 계산을 모든 여성(설사 무의식적이라 해도)들이 하고 있다는 점입니다.

벌써 오래된 이야기입니다만 어떠한 고관이 뇌물 사건으로 구속된 일이 있었습니다. 이 사람은 허영심이 강한 부인 때문에 죄를 저질렀던 것입니다. 그리하여 그의 영부인은 증인으로 법정에 불려나와 담당 검사로부터 심문을 받았는데 심문 도중 시종일관 흐느껴 울기만 하여 검사가 손을 들고 말았다는 이야기가 있습니다.

그렇습니다. '눈물은 여자의 무기'라고 말했는데 참으로 지당한 말입니다. 벌레 중에는 생명에 위험이 닥치게 되면 몸을 움츠려 동그란 모습을 하는 것이 있습니다. 이와 같은 현상을 '의태(擬態)에 의한 도피'라고 말합니다만 여자의 눈물도 이런 것들과 일맥상통한 점이 있습니다.

그런데 여자의 눈물은 단순히 현실을 도피한다는 것만이 목적이 아닙니다. 의태에 의한 이득까지도 바라고 있는 것이 여자가 갖고 있는 눈물의 생리입니다. 어린이들은 갖고 싶은 장난감을 사주지 않으면 울면서 졸라댑니다.

여성들의 경우도 그와 같은 예를 영화나 TV드라마의 러브신에서 흔히 볼 수 있습니다. 극(劇)중의 여인이 토라져 흐느낍니다. 그순간 남편이 측은한 모습으로 여자에게 다가가 눈물로 범벅이 된 그녀의 얼굴을 가슴에 부둥켜 안고 정열적인 키스를 퍼붓는——그러한 신이 있습니다. 그것도 '졸라대어 얻어내는 이득'의 일종입니다. 이렇듯 여자는 눈물에 의하여 '쾌감''도피''이득'을 기대하는 것입니다. 그러나 그와 같은 여자들의 행동을 보고 남자들이

"여자들은 교활하다！"

라고 분개하는 것은 합당하질 않습니다.

그와 같은 여자로 만든 사람은 과연 누구일까요?——결국 사나이들이 여자의 눈물을 사랑하기 때문이 아닐까요? '아침이슬을 흠뻑 머금은 백합화！''사나운 폭우(暴雨) 속에 시달린 해당화！'어쩌구 저쩌구 하면서 눈물의 여인을 예찬하는 사나이들……. 그래서 손수건으로 눈물을 닦아내는 시늉을 하는 여인의 포즈는 백퍼센트의 효력을 나타냅니다. 이런 모습은 여성이니까 어울리지 만일 남자들이 그런 시늉을 해보십시오. 그 꼴은 웃음거리 밖에 되지 않을 것입니다.

특히 "여성은 슬프니까 우는 것이 아니라 울기 때문에 슬퍼지는 것이다"라는 말이 있습니다만 이와 같은 여성의 '눈물의 생리'쯤은 뭇 남자들이 터득해 둘 필요가 있는 것입니다.

27. 왜 여자는 무의미하게 웃는가

나는 지난 날 대학 연구실에 적을 두었던 20대 나이에 어느 항구가 눈아래 내려다보이는 언덕 위의 여학교에서 임시 강사로 교편을 잡은 일이 있었습니다. 당시는 아직 결혼도 하지 않은 젊은 나이였습니다. 난생 처음 교편을 잡았기 때문에 매우 진지하고 성실한 편이였습니다.

휴식시간 복도를 걷고 있노라면 가끔 여학생들과 마주칩니다. 그녀들은 대개 2인1조의 경우가 많습니다. 이들이 스쳐지나갈 때에는 반드

시 머리를 숙여 인사를 합니다. 나도 위엄을 갖추어 답례의 인사를 빼놓지 않습니다만 이해할 수 없는 일은 내 옆을 지나친 그들 여학생들이 서로 약속이나 한 듯이 얼굴을 마주보면서 끼득끼득 웃는 것이 아닙니까.——이와 같은 그들의 행동에 나는 적지 않게 신경을 쓰게 되었습니다. '무엇 때문에 그녀들이 웃는 것일까?'이렇게 생각해 보았지만 도저히 원인을 알아 낼 수가 없었습니다.

'대체적으로 여학생들이란 아무 의미도 없이 웃는 버릇이 있다'라는 습성을 깨닫게 되기 전까지는 꽤 많은 시간이 걸렸습니다. 그때 그 장소에서의 여학생들의 웃음은 지금 생각해 볼 때 아마도 친밀감을 감추려고 하는 행위——즉 글자 그대로 무의미한 것들을 함축한 것이라고 분석됩니다.

그러나 한 사람의 어엿한 숙녀가 되어지게 되면 무의미한 미소에는 또 다른 요소도 부가하게 되는 것입니다. 당혹, 주저, 속임수, 사려 등 따위의 것들 말입니다.

"내가 좋습니까? 아니면 싫습니까? 솔직히 이야기해 줄 수 없습니까?"

"……"(말없이 살며시 미소만 짓는다)

"그럼 나 말고 좋아하는 사람이 있습니까?"

"……"(미소를 지으며 고개를 조용히 옆으로 젓는다)

"그럼 희망을 가져도 좋겠네요"

"……"(단지 미소만 지을 뿐)

"이번 일요일에 함께 놀러갈 수 있습니까? 전화해도 되겠군요?"

"……"(약간 미소를 짓는다)

"제 부모님을 한 번 만나보시지 않겠어요"

"……"(재차 얼굴에 미소만 띄운다)

이처럼 여자들은 대답 대신에 모나리자의 미소처럼 미묘한 웃음을

짓습니다만 이 미소 중에는 다음과 같은 요소들이 혼합되어 있는 것입니다.

'좋은가 싫은가를 물어 보지만 그건 한마디로 답변하기가 곤란한 말씀입니다. 싫지는 않지만 그렇다고 해서 꼭 마음에 든다고 할 수도 없고……. 희망을 가져도 좋은가의 뜻은 교제를 계속해도 좋다는 뜻인지 아니면 결혼을 염두에 두고 한 말인지, 전화를 거는 것은 좋지만 부모님께서 어떻게 생각하실지, 그렇다면 미리 부모님께 이야기를 해두어야 할텐데……. 그리고 그 쪽 부모님을 만나보도록 권유하고 있는데 그건 부끄러운 일이기도 하려니와 좀 이른감이 있지 않을까. 그렇다고 해서 차마 거절할 수도 없고……'

그녀의 심중을 읽어 본다면 대체적으로 이런 것이 되지 않을까요. 그리고 상대편의 마음에 상처를 입히지 않도록 해야겠다는 마음가짐은 결국 수수께기 같은 미소로 대신했다고 할 수 있습니다.

　　그러나 우리 나라의 일부 여성들 중에는 시종 겸연쩍은 웃음을 짓는 사람이 많습니다. 얼마 전에 있었던 일입니다. 거리의 교차로 지점에서 갑자기 귀를 찢는 듯한 자동차의 급정거 소리가 들렸습니다.

　　"앗 사람이 차에 치었다!"

　　동시에 많은 사람들이 그 곳으로 몰려들었습니다. 그러나 다행스럽게도 어떤 여인이 길바닥에 넘어졌는데 상처는 입지 않은 모양입니다.

　　이때 운전대에서 황급히 뛰어내린 젊은이가 "괜찮습니까? 어디 다친 데는 없습니까?"하고 물어 보았더니 옷의 먼지를 툭툭 털고 일어난 그 여성은 히죽히죽 웃고만 있었습니다. 이것이야말로 기묘하기 짝이 없는 우리 나라식 스마일.

　　이때 지나가던 외국 사람이 발걸음을 멈추고 무엇인가 열심히 지껄이고 있지만 이 여인은 도무지 알아듣지 못하고 그냥 히죽히죽 웃기만 한다 —— 이와 같은 미소나 웃음은 남에게 오해를 주기가 십상입니다. 국제화시대를 맞이하여 우리 나라를 찾는 외국인의 방문객이 많은 요즘 이와 같은 알쏭달쏭한 웃음은 상대편을 당혹하게 만들기가 일쑤입니다.

28. 왜 여자는 유행에 약한가

　　모처럼 옷을 한 벌 지어 입는다고 가정해봅시다. 그래서 양장점에 들렸습니다.

　　"참으로 안목이 높으십니다. 선택하신 이 디자인은 금년 봄에 유행이 될 것이라고 전문가들이 말하는 스타일입니다. 부인께서 이같은 옷을 지어 입으신다면 대단히 우아하고 멋이 있어 보일 것입니다.

　　디자이너가 이렇게 말을 하게 되면 대부분의 여성들은 '정말 그럴까?'하고 그 말에 귀가 솔깃해질 것입니다. 그러나 남성들에게는 이

런 수법은 오히려 역효과를 나타냅니다. 남자들은 일반적으로 유행의 첨단을 주저하는 경향이 있습니다. 따라서

"이 양복은 요즘 손님들이 많이 찾고 있는 고급 신사복입니다"

이렇게 권유를 받게 되면 '그럼 나도 그것으로 맞춰볼까'라고 생각하게 됩니다. 이처럼 유행에 대한 반응이 남자와 여자가 다릅니다. 그렇다면 그 까닭은 무엇 때문일까요?

유행에 유혹되는 심리의 조건은 세 가지가 있습니다.

첫째는, 새로운 것에 대한 호기심

둘째는, 다른 사람에게 훌륭하게 보이려고 하는 '위광(威光 — Prestige)욕구'

셋째는, 남과 똑같이 되지 않으면 소외되고 만다는 '일치성(一致性 ; Conformity)추구'

첫번째로 말씀드린 호기심에 대해서는 남·녀 어느쪽이 더 왕성하다고 장담할 수는 없지만 남자의 경우는 퍼스널 컴퓨터, 비디오, 카메라 등에 대하여 신형(新型)에 호기심을 갖기가 쉬우며, 여자의 경우는 단연 의상쪽이라고 말할 수 있습니다.

그런데 남성으로서 의상의 유행에 대하여 관심을 갖는 경우는 주로 두번째에 내세운 '위광욕구'가 주된 동인(動因)이 되는 것입니다. 그러나 여성의 경우는 첫째, 둘째, 셋째의 요인들이 모두 활발하게 작용하는 것입니다. 그래서 여성쪽이 유행에 약하다는 근본적인 이유가 되는 것입니다.

본래 둘째와 셋째는 서로 모순된 것이지만 이 양자가 여성의 마음속에 공존하고 있습니다. 올봄의 유행은 이것이라고 선전하게 되면 무조건 덤벼드는 여성들이 있습니다. 이런 족속들은 자기 몸에 어울리든 어울리지 않든 상관없이 남들이 자랑스럽게 입고 다니는 것을 보고 슬그머니 흉내를 내는 어이없는 여성들도 있습니다. 이래서 길거리는 마

침내 그것이 유행이 되어 범람하게 됩니다. 이렇게 되면 모든 여성들이 동일한 제복을 입은 것처럼 보여 혐오감마저 느껴지게 되는 것입니다.

　이와 같은 여자들의 속성을 잘 알고 있는 디자이너와 그 배후를 떠받치고 있는 메이커나 매스컴들이 한패거리가 되어 또 다른 취향의 유행을 창출해 내는 것입니다. 이렇게 하여 유행은 무한하게 새것과 복고가 뒤엉켜 순환하게 되는 것입니다.

　그 증거로서 스커트의 길이가 과거 백년동안 엘리베이터처럼 올라갔다 내려갔다 하는 순환을 되풀이하고 있는 것입니다. 정녕 소비자(여성)들은 복식산업과 더불어 그 교묘한 선전의 손바닥에서 놀아난 결과가 되어 버리고 마는 것입니다.

　그러나 그런 것들을 보고 웃어넘길 자격이 남성들에게는 없습니다. 남성들은 여성들의 유행욕 못지 않게 위광욕구(威光慾求)에 눈이 어둡다는 사실을 알아야 합니다.

머리 속은 텅빈 주제에 부하나 후배들 앞에서 뽐내기를 좋아하며 돈도 그리 많지 않은 주제에 고급 승용차나 스포츠카를 몰고 다니는 등——참으로 유치한 방법으로 자기 자신을 만족시키려는 경향이 있습니다. 그러나 여성들은 그러한 방면에는 그다지 흥미를 느끼지 않으며 오로지 의상쪽에 관심을 쏟고 있습니다.

또한 사람들은 가끔 현실생활에서 일시적이나마 도피하고 싶어하는 경향을 가지고 있는데 남성의 경우는 흥겨운 놀이에서 조용한 낚시질에 이르기까지 폭넓게 여러 가지의 방법을 택하고 있습니다. 이와 같은 남성의 성향에 비하여 여성은 유행을 즐기는——그것도 자신이 직접 입지 않더라도 남이 입은 것을 보는 것만으로도 즐거워하는 취향도 갖고 있습니다. 정말로 그러한 취향이 있는가 하고 반문할지 모르지만 그것은 틀림없는 사실입니다.

여성들은 패션쇼의 관람을 즐깁니다. 때로는 꿈을 꾸듯이 찬탄과 경이(驚異)의 눈으로 바라봅니다. 그런가하면 모드잡지에서 오려낸 사진으로 방안을 장식하거나 명동거리에 일부러 나가 쇼윈도우나 전문점 실내에 장식한 옷가지들을 유심히 들여다보기도 합니다.

독일의 철학자이며 사회학자인 짐멜은 "여성은 오랜 세월동안 남성에 비해 획일화된 삶을 강요당해왔기 때문에 개별화의 욕구가 저지되었던 것이다. 그래서 그 배출구를 유행에서 찾게 된 것이다"라는 주장을 세웠던 것입니다. 짐멜의 주장을 근거로 한다면 여성의 사회적 지위의 낮음이 결국 유행에 대한 강한 관심을 갖게 만든 셈이 된 것입니다.

그렇다면 오늘날 여성의 사회적 지위가 점차 높아져가고 있는 추세라고 한다면 응당 여성의 패션이나 모드에의 관심이 약해져야 할 것이 아니겠느냐 하는 반론도 제기될법한 일인데 나는 그렇지 않다고 생각합니다. 그 까닭은 짐멜은 여성 특유의 '자기미화소망'을 고려에 넣지 못하고 있는 듯합니다.

어쨌든 —— 솔직히 말해서 '파리에서 직수입했다./'라든가 '유명브랜드'라는 권위가 여성의 약점이라고 하겠습니다. 따라서 남성측에서 여성측에게 부탁드리고 싶은 말은 —— 유행을 따르는 것은 좋지만 개성에 맞는 것을 선택해 주셨으면……하는 바램입니다.

29. 왜 여자는 하찮은 것을 기억하고 있는 것일까

"탤런트 김××가 이혼을 했다나 봐요. 결혼식을 올린 것이 5년 전인 ○월 ○일이였었는데……"

"뭐라고? 남의 결혼식 날짜까지 잘도 외우고 있구면"

"그게 아니라 바로 그 날 우리가 ××백화점에서 은숙이 장남감을 샀던 날이예요. 그 날 따라 몹시 비가 왔는데…… 당신 우산을 잃어버린 것 생각나지 않아요?"

여편네란 왜 이렇듯 시시콜콜한 것까지도 잘 기억하고 있는지 도무지 알 수가 없다고 남편들은 어이가 없어 합니다. 미혼 여성들도 예외가 아닙니다. 언젠가 M여자대학 졸업생의 모임에 초대받은 일이 있었습니다.

"선생님./ 저어 박×× 교수님 아직도 건강하신가요? 그 교수님 지금도 강의가 시작되기 직전 안경을 벗어 닦는 습관이 남아 있나요?"

라든가

"선생님을 좋아하던 김××라는 학생. 지금도 기억하고 계세요?"

"선생님./ 기숙사 아래층에서 3층까지 올라가는 계단이 몇 개인지 아세요? 전부 서른여섯 계단이예요"

이런 식으로

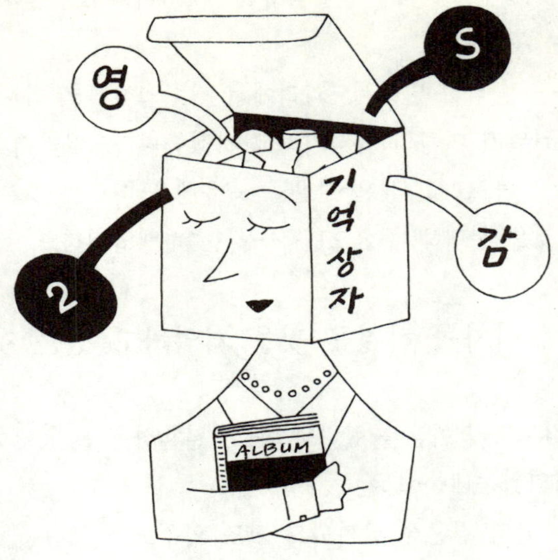

　그녀들의 회고담을 듣고 있노라면 극히 사소한 것까지 기억하고 있는 총명(?)에 감탄을 금치 못합니다. 이렇듯 뛰어난 기억력을 갖고 있다면 비싼 등록금을 내고 배운 학문을 좀더 많이 기억해 두었으면 하는 생각을 해보게 됩니다.

　왜 여성들은 과거의 조그마한 일까지 놀라운 기억력을 발휘하는 것일까요?

　이 점에 대해서는 첫째로, 이미 심리학적 실험결과에서도 나타났듯이 '기계적 기억력'에 있어서는 남성보다 여성쪽이 훨씬 탁월하다는 사실입니다.

　둘째로는, 여성들은 생활공간이 한정이 되어 있기 때문입니다. 남자들은 가정생활을 비롯하여 직장생활, 대인관계 등에 있어서 광범위하게 신경을 쓰고 있습니다. 상사나 동료 사이의 교제, 그런가하면 회의, 출장, 초대 등 매우 바쁜 일과 속에서 생활하고 있습니다. 그러나 여자들은 '한정된 생활 테두리 안에서 모든 것을 유기적으로 관련을 맺고 있기 때문입니다.

그러나 원인은 그것 뿐만이 아닙니다. 여성들은 '지나간 과거를 소중히 여겨 그것을 그리워하는' 습성을 지니고 있습니다. 말하자면 회고 취미는 남성보다 여성쪽이 훨씬 풍부하다고 하겠습니다.

"당신은 옛날에 무척 순진했던 것 같아요. 약혼식을 앞두고 당신이 우리집에 찾아왔을 때 저에게 이런 말을 하였는데 기억이 나세요? '당신 아버지께서 정말 나를 좋아하실까? …… 나는 구변도 없고……' 이렇게 말하면서 이마에 땀까지 흘리고 있었어요"

아내로부터 이런 말을 들은 남편은 정말로 어이없는 표정을 지을 수밖에……. 벌써 20년이 흘러간 옛날 일을 아직까지 기억하고 있으니까 말입니다. 어쨌든 여성들은 기억의 창고에서 추억의 앨범을 끄집어내어 뒤지는 것을 매우 좋아한다는 사실입니다.

남자들은 앨범을 뒤지는 것보다도 더 많은 사진을 찍고 싶어 하는 생리를 지니고 있습니다. 즉 과거를 즐기는 여가가 있다면 차라리 새로운 것을 개척하려고 합니다. 그래서 다른 여성들과 사진을 찍게 되며 이로 인하여 마누라로부터 심하게 바가지를 긁히게 되는 것입니다.

그리고 남자들의 특성 중에는 '사소한 일을 잊어버리려고 하는' 심리가 있습니다. 특히 자신에게 불리하거나 나쁜 것은 깨끗이 잊으려고 하는 경향이 있습니다.

"여보! 그때 분명히 약속하지 않았어요!"

"내가 그런 약속을 했던가……"

정말로 잊어버리고 그런 말을 하는지 짐짓 시치미를 떼고 그러는지 —— 이점을 분간하기가 어렵습니다.

남자들은 중요한 사항만을 논리적으로 기억하려고 하지만 여자들은 감각적으로 강하게 인상지어진 것만을 기억하려고 합니다. 이와 같은 여자의 특성 때문에 남자들이 득을 보는 일도 가끔 있습니다.

"며칠 전에 외판원한테서 받은 명함을 잃어버렸는데 큰일났군. 가만 내버려두면 또 찾아올께고… 전화를 걸어서 못오게 해야 할텐데…"

"엊그제 찾아온 그 외판원 말이죠? 그분의 전화번호는 282-1218번이예요"

"당신 그 번호를 어떻게 기억하고 있었오?"

"우리 어머니 생일이 12월 18일 아니예요……"

여성들은 이런 식으로 감각적으로 강한 인상을 받은 것에 대해서는 이상하리만큼 기억작용이 뛰어납니다.

30. 왜 여자는 육감이 뛰어난가

여성들이 육감에 있어서 예리하다는 사실에 대해서는 그야말로 정평이 나 있습니다. 이 점은 모든 남성들이 공통적으로 인정하고 있는 바입니다. 카바레나 바에서 사용하는 성냥, 요정의 계산서나 그밖의 모든 증거물을 몽땅 없애버리고 나서 "이젠 아무 걱정도 없어……"하면서 집으로 돌아갑니다.

"아아 피곤해 죽겠어. 오늘 거래처와 저녁 늦도록 회합이 있었는데 정말 못해 먹겠어！"

이런 식으로 그럴싸하게 연기를 하여도

"거짓말 말아요. 바른대로 털어 놓으세요"

이렇게 예리하게 간파하는 그 놀라운 투시력. 5만킬로 떨어진 곳에서 행한 정사라도 쪽집게처럼 집어내는 그 탁월한 혜안(慧眼), 신기할 정도로 날카로운 육감, 세상의 모든 남편족들이 혀를 차며 경탄해 마지 않는 여자들의 신통력은 남자들의 간담을 서늘하게 만듭니다. 그렇다면 어찌하여 여성들은 그토록 육감이 뛰어나게 작용하는 것일까요?

그 첫째 원인은, 남성은 논리적 사고력이 뛰어난 것에 대하여 여성은 감각적 직관력이 탁월하다는 것에 있습니다. 어떤 사실에 대하여 진상이나 실태를 파악하려고 할 경우 남자들은 논리의 계단을 한계단 한계단 올라가며 이치를 따져가며 추리해 나갑니다. 그러므로 계단이 중도에서 끊어지거나 막혀버리면 앞으로의 전진을 단념하지 않을 수가 없게 됩니다.

"참으로 복잡해서 뭐가뭔지 모르겠어"라는 결론으로 끝이 나버립니다. 그러나 여성들은 미적지근하거나 흐리멍텅한 절차는 밟지 않습니다. 애초부터 논리 따위의 하찮은 지혜는 중요시하지 않습니다. 순간적으로 떠오르는 인상을 중요시하는 것입니다.

'수상쩍은데……' 왜 수상쩍다고 느끼게 되는가의 이치가 아니라 직관적으로 느낀 —— 즉 상대편의 눈초리라든가 얼굴 표정이라든가 말하는 어투나 억양 등을 보고 수상쩍다는 판단을 내리는 것입니다.

이런 점에 있어서는 미혼 여성이라고 해서 다를 바가 없습니다. 가끔 영화구경을 함께 즐기는 여자 친구에게

"이번 일요일은 영화구경을 갈 수가 없을 것 같아요. 학창시절 때의 친구가 하숙집에 찾아 오기로 되어 있어요"

이 말에 그녀는 순간적으로 '수상한데…… 이 분이 혹시 결혼을 위해 선이라도 보는 게 아닐까'하고 생각하는 것입니다. 월요일 아침 출근하여 그의 모습을 보았더니 이발소에 가서 이발을 한 흔적이 역연. '아아 역시 내 추측이 맞았구나'하고 확신을 굳힙니다. 그래서 "미스 김 일찍 나오셨어요"하고 인사를 해도 그녀는 뽀로퉁한 얼굴로 대꾸조차도 하지 않습니다.

이와 같이 육감이란 엉뚱한 착각을 일으키는 경우도 있습니다만 십중팔구는 적중한다고 할 수 있습니다. 그래서

"내 육감은 기가 막히게 정확하단 말이예요. 나 자신도 놀랄 지경이

예요"

이렇게 말하는 여성도 결코 뜸하질 않습니다.

이렇듯 육감이 잘 적중되는 여자가 가령 K씨를 은근히 사모한다고 합시다. 일요일 아침. '지금 내가 편지를 보내려고 우체통 있는 쪽으로 걸어가게 되면 아마도 담배를 사러나온 K씨와 만나게 될지도 모른다'는 영감(?)에 사로잡혀 시험삼아 가보았더니……아 왔습니다! 왔어요! '어떻게 이렇듯 정확히 적중할까요'—하는 제육감을 과시하는 여성족들. 어떻게 이렇게도 신기하게 맞힐 수가 있을까요.

그 둘째 원인은, 전장(前章)에서도 잠깐 언급했듯이 여성들은 생활공간이 협소하다는 데 원인이 있습니다. 여자들은 남자들보다 비교적 활동범위가 한정되어 있으며 그날그날의 생활도 단조롭고 생활내용도 단순합니다. 남자들처럼 메모장에 깨알처럼 메모해 놓지 않으면 실수를 저지를 만큼 바쁘고 복잡하질 않습니다.

그러므로 여성들은 한 가지 일에 집중할 수가 있게 됩니다. 그 뿐 아니라 어떤 하나의 일과 다른 현상(現象)과의 연관성도 찾아낼 수 있는 것입니다.

'남편의 태도가 좀 수상쩍어. 며칠 전날 밤에도 술에 만취되어 집에 돌아와서는 곧장 목욕을 했는데 오늘밤에도 그랬지 않은가. 그렇다면 혹시……'

이처럼 여성들은 유추(類推) 해석에도 민감한 편입니다. 동료 직원인 미스터 A는 붉은 넥타이를 매고 나오는 날에는 비교적 안절부절 못한다든가, 미스터 B의 경우는 언제나 금요일 오후 3시 전후가 되면 슬그머니 자리에서 일어나 공중전화를 걸려고 밖에 나간다든가 하는——그와 같은 데이터를 기초로 하여 육감이 성립되는 경우도 적지 않습니다.

셋째로는, "자신이 생각하더라도 신통하게 육감이 잘 적중한다"라고 말합니다만 실제로는 잘 맞지 않는다는 사실을 지적해 두지 않을 수가 없습니다.

인간들의 머리 속에는 하루에도 수백 번, 아니 수천 번에 이르는 상념이나 잡념이 물거품처럼 생겨났다가는 사라지곤 합니다. 그리고 그 대부분은 망각의 세계로 떠내려 가는 것입니다. 간혹 망각작용에 고장을 일으킨 사람만이 잡념공포증에 포로가 되기도 합니다. 육감 역시도 이처럼 적중하는 것도 있지만 맞지 않는 것도 있는데 남자들은 양쪽 모두를 잊어버리는 경향이 있습니다. 그런데 여성들은 맞은 것만을 잘 기억하는 성향을 지니고 있습니다. 그래서 적중률이 대단히 높다고 생각합니다.

남자들은 영감이나 육감의 신비성에 대하여 어느 정도는 경외하고 어느 정도는 믿을 것이 못된다는 정도로 생각하는 것이 좋을 것입니다.

31. 왜 여자는 논리성이 결여되고 있는가

"여성들이 남을 사랑하거나 미워하는 행위에 대해서 우리 남성들은 아무런 반대도 있을 수 없습니다. 그러나 어떤 사물에 대하여 판단을 내리거나 의견을 제기할 경우 이상하게 보여 도무지 납득이 가지 않는 것들이 있습니다."

이 말은 유명한 문호 괴테가 한 말입니다.

그가 말했듯이 여성의 판단이나 의견에는 논리성이 결여된 것들이 많습니다. 가끔 여성들의 이야기에 귀를 기울이고 있으면 앞부분의 이야기와 뒷부분의 이야기가 서로 맞지 않거나, 모순된 내용을 태연히 지껄이고 있는 것을 볼 수가 있습니다. 그런가 하면 중간부분까지는 논리가 정연하게 이어져 오다가 후반에 이르러서는 지리멸렬(支離滅裂) 상태에 빠지는 일이 종종 있습니다.

그렇다면 그 이유는 무엇 때문일까요? 대저 남성들은 사고나 판단을 논리적으로 구성하려고 하지만 여성들은 논리성 그 자체에 대해서는 그다지 중요시 하지 않으며 감각이나 직관에 의해서 설명하려고 하는 경향이 있으며 거기에다 자신의 감정까지 곁들이는 속성이 있습니다. 문제는 바로 여기에 있는 것입니다.

이렇게 말한다고 해서 결코 여성들께서는 오해 같은 건 하지 말아 주시기 바랍니다. 남자가 여자보다 머리가 좋다는 뜻이 아닙니다. 한가지 예를 든다면——

부부가 모처럼의 휴일을 외부에서 즐기다가 저녁 때 집에 돌아왔다고 합시다. 그런데 집을 비운 사이 좀도둑이 침입하여 세간살이를 뒤지다가 온통 수라장을 만들어 놓고 사라져 버렸습니다. 이와 같은 충격적인 광경을 목격했을 때 남편과 부인은 서로 각기 다른 반응을 나타내게 됩니다. 우선 남편은

"이 급살 맞을 놈이 도대체 어떻게 침입했을까? 현관문은 안에서부터 단단히 잠궈 놓았고 부엌문도 분명히 잠궈 놓았는데…음 그렇군! 화장실 창문을 잠그지 않았군"

일단 이렇듯 삼단논법(三段論法)의 추리를 해봅니다. 두뇌가 좋건 나쁘건 간에 논리의 경로를 과학적으로 합리적으로 세워 보려고 합니다.

그러나 부인의 경우는 다릅니다.

"조금 전 골목길을 들어설 때 스치고 지나간 인상이 나쁜 그 사나이가 범인인지도 모르겠다!"── 이처럼 순간적으로 두뇌를 회전시키는 것이 직관입니다. 대체적으로 직관이 빗나가는 경우가 많습니다만 어설픈 논리적 견해를 초월하여 정확히 적중되는 경우도 있습니다.

더욱이 무의식중에 감정을 혼합시켜 판단하는 일도 있습니다.

어느 직장에서 여사원 하나가 직속 과장에게 찾아가서

"저는 영란이 하고는 절대로 함께 일할 수가 없어요. 내일부터 근무부서를 바꿔 주세요"라고 호소했습니다. 이 말을 들은 과장은

"무슨 이유인지 그 까닭을 말해 주시오"하고 말했더니

"저는 영란이 같은 사람 싫어요!"

"음 왜 싫지요?"

"하여튼 그런 사람 싫단 말이예요…"

이런 식이 되어서는 그 여성의 말은 논리성에 있어서 제로라고 하겠지요. 그런데 이건 또 웬말입니까?

"과장님께서는 영란이만 편들고 위해 주는 것 같아요. 확실히 그렇다고는 할 수 없지만……영란이가 과장님께 꼬리를 치는 것 같아요. 나는 그 애가 하는 행동을 도저히 용서할 수가 없어요"

"과장님께서 그 애의 편을 들든 위해주든 제게는 아무 상관이 없는 일이예요. 저는 지금 감정적으로 말씀드리는 것이 아니예요. 그 애가

그런 식으로 설치면 후배들이 불쌍합니다. 저는 후배를 위해서 이 말씀을 드리는 것입니다. 아예 이번 기회에 조치를 취해 주셔야 합니다.”

　이 여사원의 이야기를 분석해 보면 처음에는 감정에서 이야기가 비롯되었지만 나중에는 이론적으로 결론을 맺은 것이 됩니다.

　또 하나의 예를 들어 보겠습니다. 이것은 어느 부부간의 대화입니다.

　“여보！ 앞으로는 최××씨와는 절대로 가까이 하지 않는 것이 좋아요. 그런 사람과 가까이 지내면 승진(昇進)이 늦어져요”

　“왜 그런 말을 하나? 그 친구는 참으로 좋은 사람이야”

　“아니예요. 그 사람은 싫어요. 가끔 집으로 놀러오지만 애들에게 선물 하나라도 사가지고 온 일이 있어요? 단 한번이라도 말이예요. 그런 사람과 가까이 지낸다는 소문이 돌게 되면 당신 출세에 지장이 있다는 것은 뻔한 일이예요”

여성들이 감정이 풍부하고 정서에 뛰어난 점은 참으로 훌륭하다고 하겠습니다. 그러나 그들이 비논리적으로 사물을 판단하게 된다면 여성의 장점, 즉 감각의 예리함, 직관의 슬기로움도 헛것이 되고 만다는 사실을 잊어서는 안됩니다.

32. 왜 여자는 털어놓고 이야기하는 것을 좋아하는가

"여성들은 친한 친구가 생기면 속마음을 털어놓고 이야기하는 것을 좋아합니다. 학창시절 교내의 은행나무 밑 벤치에 나란히 앉아 "우리 영원히 변치않는 친구가 되자꾸나" 하면서 서로가 맹세하게 된 그 애초의 계기와 동기는? 그것은 인격적인 존경이 발전하여 그렇게 된 것이 아니라 "이건 너에게만 이야기 하는데 절대로 다른 애들에게 이야기해서는 안돼!"

"응 알았어 절대로 이야기 안할게. 날 믿어도 좋아……"

이런 계기가 발전하여 '영원한 친구'로서의 맹세까지 하기에 이르는 것입니다. "이건 너에게만 이야기 하는데……"라는 비밀의 공유(共有)는 두터운 우정의 결과가 아니라 숨김없이 털어놓고 이야기 하고 싶어하는 여성 특유의 속성 때문입니다.

왜 여자들은 이처럼 털어놓기를 좋아할까요? 여류 실존주의 작가로서 유명한 보브와르는 이렇게 말하고 있습니다.

"여자의 우정이란 남자들이 갖고 있는 우정과는 매우 다른 성질을 지니고 있다……. 여자들은 '여인의 운명'이라는 테두리 속에 갇혀 있다고 생각하기 때문에 그녀들이 맺게 되는 우정의 본질은 내면생활의 일종의 '공범(共犯)'이라는 생각을 가지고 교제하는 것이다"라고.

저 프랑스의 평론가 앙드레 모르와도 여자들의 우정에는 '친해지려는 성격'이 내포되어 있다고 말했습니다. 이 '공범자적 의식' '친해지려고 하는 감정'을 조성하는 데에는 숨김 없이 터놓고 이야기하는 것이 절호의 매체가 되어진다는 것입니다.

친구의 경우도 그렇다 할진대 하물며 연인의 경우라면 더더욱 그러합니다. 사랑하는 연인이 따뜻하고도 친절하게 대해주면 자신의 어린 시절부터 지금까지의 있었던 일, 즉——슬픈 일, 즐거웠던 일, 인상에 남았던 일, 고민스러웠던 일…… 모든 것을 털어놓고 이야기 하고 싶다는 마음을 가누지 못합니다. 사랑하는 연인의 가슴에다 얼굴을 파묻고 지금까지 그 누구에게도 털어놓지 않았던 이야기를 늘어 놓을 때, 여성들은 일종의 자기도취에 빠졌습니다.

이때 연인이 머리를 쓰다듬으며 조용히 진지하게 이야기를 귀담아들어 주게 되면 '이분이라면 내 심정을 알아 줄 것이다'라고 믿게 되는 것입니다. 이처럼 중대하고도 심각(?)한 판국에 연인의 이야기를 건성으로 듣고 있거나 딴청을 부리거나 하는 사나이가 있다면 이 사나이는 말할 것도 없이 낙제생입니다.

반대로 '어쩐지 무드가 무르익은 것 같은데……'하는 생각으로 갑자기 덤벼들어 키스를 하려고 하면 이것도 절대로 안됩니다.

"당신은 내 이야기를 진지하게 듣고 있는 것이 아니군요"

하는 식이 되어 버립니다. 사나이들은 이러한 장면에서의 판단이 서툴기 때문에 본의 아닌 화근을 자초하게 되는 것입니다.——곰곰히 생각해 보십시오. 지금 그녀는 자신의 이야기의 세계 속에서 정신없이 거닐고 있는 중이 아닙니까? 그러한 그녀가 갑자기 타의에 의하여 현실세계로 되돌려진다면 결코 그녀는 좋아하지 않을 것입니다.

여인들의 과거 이야기 속에는 다분히 미화작용이 가미되고 있습니다. 자신을 비극의 여주인공으로 만드느냐 아니면 아름다운 여왕으로 격상시키느냐……어쨌든 여인들의 과거 이야기는 완전한 논픽션이 아닙니다.

　이와 같은 결론은 여자란 태어나면서부터 거짓말을 잘하는 속성을 지니고 태어났기 때문이 아니라 공상력이 풍부한 탓입니다. 또한 여자들은 이야기를 하고 있는 중에 공상과 사실의 경계선을 모호하게 만드는 특기를 지니고 있기 때문입니다.

　따라서 이와 같은 점을 염두에 두고 여인들이 열심히 자신의 신상에 대하여 이야기 할 때 당신들은 이 예쁘고도 기묘한 세레나데에 맞장구를 치거나 감탄사를 곁들여 반주해 주는 것이 현명하고 슬기로운 태도라고 하겠습니다.

33. 왜 여자는 공상을 즐기는가

　공상력은 여성과 남성 중 어느 쪽이 더 풍부한가?——이에 대해서는 한마디로 어느 쪽이 더 풍부하다고 단언할 수는 없습니다. 그러나 어느 쪽이 공상에 탐닉하는 것을 좋아하는가 라는 문제라면 이것은 단연 여성 쪽입니다.

TV나 라디오가 주최하는 노래자랑에 출전하여 이것이 계기가 되어 일류 가수가 된다거나, 로케이션 때 영화 감독의 눈에 띠어 여자 배우로 발탁되어 주연을 맡는다거나, 아니 그러한 화려한 꿈이 아니더라도 매일 아침 등교길에 멋있는 남자 대학생을 만나 데이트 신청을 받을지도……혹시나 결혼에까지 골인할지도……그렇게 되면 신혼여행으로 하와이나 동남아 등지로 신나게…….

이런 정도의 몽상(夢想)이라면 대부분의 여성들이 한 번 쯤은 머리 속에 그려본 경험이 있을 줄 생각합니다. 그렇다면 여성들은 왜 이처럼 물거품이 되어질지도 모르는 꿈을 즐기는 것일까요 ?

근본적인 이유는 여성들은 논리보다도 직관이 탁월하다는 점과 내면적 세계를 소중히 하는 심성 때문이라고 하겠습니다. A라고 하는 자극으로부터 B라는 장면, C라는 장면을 상상할 경우 남자들은 A, B, C와의 사이에 논리적인 연관성을 지니게 하려고 합니다.

그러므로 공상의 날개를 별로 펴지 않으며 불필요한 세계를 기웃거리지 않습니다. 그러나 여자들은 태연하게 논리의 비약을 시도하여 그 당시, 그 순간에 느껴지는 직관(또는 直感) 그대로를 지니고 몽환(夢幻)의 세계로 날아다닙니다.

이렇게 하여 날아다니는 것을 여자들은 하나의 즐거움으로 삼고 있습니다. 그러나 남자들은 '공상은 매우 어리석은 짓이다'라는 언짢은 심리가 작용하여 현실세계로 되돌아 옵니다만은 여자들은 하나의 공상이 또 다른 공상을 낳아 하염없이 표류를 계속합니다.

둘째 이유는, 여성쪽이 남성보다 여가를 많이 갖고 있다는 점입니다. 인간은 몹시 바쁘거나 몹시 피로에 지쳐 있을 때에는 공상에 빠질 마음의 여유가 없는 것입니다. 갖가지 가전제품이 전국 방방곡곡에 보

급되고 있는 오늘날 주부들의 여가는 옛날에 비하여 엄청나게 많이 늘어난 셈입니다. 그리하여 주부들 가운데는 비디오를 통하여 '불륜의 드라마' 등을 감상(?)하고 나서 공상연애에 도취한다는 상태에 이르게 되는 것입니다.

그리고 셋째 이유로서는, 욕구와 실행 사이의 편차가 여성쪽이 훨씬 크다는 점을 들지 않을 수가 없습니다. 남자들은 '오늘밤에는 술이라도 한 잔 해야 되겠다'라는 생각을 갖게 되면 친구를 전화로 불러내어 곧장 술집을 찾아 갑니다. 그러나 여자들은 '오늘은 백화점에 가서 쇼핑을 해야겠다'라는 생각을 가졌다고 해도 '애들이 학교에서 돌아온 후 먹어야 할 점심밥을 준비하지 않으면 안된다'라든가 '세탁을 끝내지 않으면 안된다'라든가의 생각을 하게 됩니다.

일반적으로 욕구와 실행 사이의 갭이 크면 클수록 내적인 억압은 공상세계로의 배출구를 모색하기 마련입니다. 극단적인 경우에는 백일몽

(白日夢)을 꿈꾸기도 합니다.

이상과 같은 것을 요약해 볼 때 여성들은 항상 '공상세계로의 출발 준비'가 완료되어 있다는 점입니다. 그러므로 조금만 자극이 가해지면 곧장 발진(發進)하게 됩니다.

여성잡지와 남성잡지의 차이는 여성잡지에는 컬러 그라비어의 페이지가 많다는 사실입니다. 여기에는 그만한 이유가 있습니다. 가령 아담한 작은 주택의 사진을 실었을 경우 남자라면

"뭐라고? 8천만원으로 멋있는 스위트홈을 건축할 수 있다고. 흥 그만한 목돈이 내게 있다면 내가 뭣때문에 이 고생을 하고 있겠나…"

이 한마디로 이 문제는 끝장이 나버립니다. 그런데 여자의 경우라면

"아! 멋있어. 이런 집이 필요해"

사진을 보고 있는 동안에 점점 공상의 세계로 날개를 펴기 시작합니다. 그녀의 머리 속에는 그 꿈이 실현되었을 때의 광경이 떠오르기 시작합니다.

가구를 어떻게 배치하면 좋을까? 이 정도의 멋있는 집이라면 식탁도 산뜻한 것으로 바꿔야 하겠지……. 그렇지! 커텐도 고상한 빛깔로 하고……. 집안을 엷은 그린색으로 통일하면 어떨까? 그렇게 하면 마당의 잔디와 조화를 이루게 될께고. 승용차는 붉은 색깔이 좋지 않을까? 그러나 붉은색은 곧 싫증을 느끼게 될지도 몰라——이처럼 끝없이 공상은 꼬리를 물고 이어져 나가는 것입니다.

아니 사진이 아니라도 여성들은 얼마든지 자유롭게 꿈을 쫓아 다니며 즐거운 공상에 탐닉할 수가 있습니다. 남편이 저녁 때 퇴근하여 집에 돌아와 "여보! 과장님께서 오늘 아침 병원에 입원을 했어요. 위궤양인 듯한데 정말 딱하게 되었단 말이야. 내일 병원에 들려 보아야겠어요"

남편의 이 짤막한 한마디만으로 부인이 지니고 있는 공상의 로케트

는 창공을 향해 날아가기에 충분합니다.

'위궤양이라고 한다지만 그것은 표면상의 병명이고 혹시나 위암일지도 몰라……. 그렇다면 과장님께서는 휴직을 하게 되겠지. 그동안 남편이 부장님으로부터 신임을 받게 되면 어쩌면 과장으로 승진을 할지도 모르는 일……. 그렇게만 된다면 나는 어엿한 과장 부인이 되고 이웃집 김 계장 부인은 몹시 부러워하겠지……아 멋있어!'

부엌에서 생선이 타는 것도 모르고 마냥 공상의 세계에서 허우적 거립니다. 그러나 남편되시는 여러분들께서는 절대로 웃어 넘겨서는 안 됩니다. 모든 아내들은 남편에 대하여 이처럼 덧없는 꿈을 꾸고 있는 것입니다. 생각해보면 그 누가 알뜰하게 당신을 생각해 준다는 말입니까? 고맙다는 심정을 갖지 못하면 벌을 받게 됩니다.

34. 왜 여자는 소문을 퍼뜨리기를 좋아 하는가

"너 미숙이 사건 알고 있니? 미숙이와 총무과의 박태준씨 사이가 이상하다고들 소문이 돌고 있어. 며칠 전에도 두 사람이 팔을 끼고 산책하고 있는 걸 본 사람이 있다나……"

"그게 정말이니? 난 조금도 그런 줄 몰랐는데……"

이와 같은 뉴스는 전파를 타듯 순식간에 퍼져 나갑니다. 이런 취미는 주부라고 해서 다를 바가 없습니다.

"길 건너 준호네 집에 요 며칠 전 하숙생이 한 사람 들어왔는데 M대학에 다니는 아주 잘생긴 미남이래……"

이렇듯 여성들은 소문 퍼뜨리기를 좋아하는 습성을 갖고 있습니다. 그렇다면 그 까닭은 무엇 때문일까요?

첫째 이유는, 타인지향적(他人指向的), 즉—— 남의 생활이나 행동에 특이하게 흥미와 관심을 갖는 생리적 구조를 갖고 있기 때문입니다.

　"남이야 어떻든……"

　하는 식의 생각을 갖는 쪽은 역시 남성쪽이 강합니다. 그러나 여성쪽은

　"남이야 어떻든 상관 없지만…… 그러나 남의 일이니까 재미가 있지 않아요?"

　하는 심리가 여성에게는 강하게 작용하는 것입니다.

　두번째 이유는, 사회적 조건에 제약을 받아 여성은 관심의 폭이 좁다는 데 있습니다.

　남자들은 정치, 사회, 경제 등 여러 방면에 걸쳐서 관심을 갖게 됩니다. 그러나 여성들은 자신의 주변에서 일어난 일들만 흥미를 갖는 경향이 있습니다. 그래서 외국의 지진이나 전쟁 같은 것에는 무관심하지만 이웃집에서 부부 싸움이라도 벌어지면 거기에는 흥미를 느껴 이웃집 담장 안을 기웃거리게 되는 것입니다.

　세번째 이유는, 욕구불만에서 오는 일종의 바램(소망)이 강하다는 점을 무시해서는 안됩니다. 그 전형적인 것이 '염문(艶聞)', 즉 연애, 정사, 불륜 등에 대한 험담입니다.

　"어머나 그이가!"

　"그게 정말일까?"

　이렇듯 남의 험담을 주고받는 대화내용 중에는 이야기하는 당사자들이 평소 마음 속에 지니고 있던 욕구가 무의식적으로 반영되는 일이 적지 않습니다. 실은 '나도 그런 경험을 해봤으면'하는 바램이 없지 않아 있습니다. 그러나 이런 생각은 무의식적인 생각이며 의식적으로는 '발칙한 일이다!''용서못할 일이다!'라는 비난의 형태로 표출되는 것입니다.

　이와 같은 행동을 심리학에서는 '반동형성'이라든가 '역형성(逆形

成)'이라는 말로 부르고 있습니다. 즉 반대의 경향을 강조함으로써 자신을 도덕가처럼 만든다는 말입니다. 그래서 '정말 기가 막힐 노릇이다''지나친 행동이다''용서할 수 없다'라든가 하는 어휘를 입에 담는 것입니다. 그러나 실은 이와 같은 힐난조의 말을 퍼부음으로써 충족되지 못한 '대상만족(代償滿足)'을 얻는 것입니다.

그런데 이와 같은 논리에 대하여 여성들께서는 '거짓말이다！''그렇지 않다！'라고 반론을 펼지 몰라도 그 증거로서——일반적으로 소문은 그늘진 곳에서 속삭이다가 결국 화제가 험담으로 발전한다는 사실입니다. 특히 화제의 주인공에 대하여 신랄하게 비난을 퍼부으며 열심히 소문을 퍼뜨리는 사람은 거의 예외없이 연인이나 남자 친구들을 갖지 못한 여성이거나 혼기가 지난 올드미스 또는 성생활에 불만을 지니고 있는 가정주부들입니다.

그리고 대상만족(代償滿足)을 추구하는 행위로서는 화제(소문) 가운데 가장 흥미가 있는 부분만을 클로즈업시켜 확대 해석한다는 점입니다. '두 사람이 손을 잡고 있었다'의 장면묘사를 다음 사람에게 전달할 때에는 '열렬히 키스를 하고 있었다'로 변질을 시키는 것입니다.

어떻습니까? 이해가 가신다면 앞으로는 험담을 삼가하는 것이 좋습니다.

그리고 반대로 자신이 소문의 대상이 되고 있다는 사실을 알았을 경우에는 가능한 한 넓은 도량으로 못들은 체 하고 내버려 두는 것이 오히려 현명한 일입니다. 왜냐하면 험담을 하는 사람은 당신을 우월한 사람으로 보거나 강적으로 보고 시기하는 입장이기 때문입니다.

그러므로 당신은 관용을 베풀어야 한다는 말입니다. 설사 그들이 뜬소문을 퍼뜨린다 해도 '흥 열등의식을 가진 자들이 시기하고 있구나……''약자들이 어울려 공동전선을 펴고 있구나……''참으로 너희들은 불쌍한 족속들이다'——하는 식으로 해석하고 대범하게 대처해야 합니다.

그러나 가장 어리석은 행위는 뜬소문에 대하여 필요 이상으로 신경을 쓰거나 반응을 보여주는 일입니다. 이것이야말로 참새떼(?)들을 즐겁게 해주는 일밖에 되지 않습니다. 어쨌든 당신 자신의 정신 위생상으로도 해로운 일이라고 하겠습니다.

"아줌마에 대하여 이러이러한 소문이 나돌고 있다고 미림이 엄마가 나에게 이야기해 주었어요. 그렇게만 알고 있어요……"

겉으로는 친절한 체 하면서 속으로는 고소해 하는 이중성을 지닌 여성들도 이 세상에는 얼마든지 있는 법입니다. 당신은 절대로 이런 사람에게 말려들지 않도록 조심하셔야 합니다.

35. 왜 여자는 허영심이 강한가

가령 —— 결혼 피로연 석상에서 처음 대하는 여성이 서로 인사를 나누게 되었다고 합시다.

"처음 뵙겠습니다. 앞으로 잘 부탁합니다."

"아니 무슨 말씀이세요. 이 쪽에서 그런 부탁을 드려야 할텐데요"

이렇듯 인사를 교환하는 순간 서로가 동시에 상대편의 머리 끝에서 발끝에 이르기까지 재빨리 훑어보고 나서 질량(質量)을 저울질 해봅니다. 즉 상대편의 옷차림, 소지품, 액세서리, 특히 다이아반지의 경우는…… 저것이 진짜인가 모조품인가…… 진짜라면 몇 캐럿짜리가 될 것인가 등등에 대하여 촉각을 곤두세웁니다.

그런데 남성의 경우라면 처음 대하는 사람과 인사를 나눌 때 여성들과는 전혀 딴판입니다. 방금 인사를 끝낸 상대편의 넥타이 색깔조차도 기억해 내지 못합니다. 그런데 여성들의 놀라운 순간 관찰력이 예리한 것은 본받아야 될 일이지만……

그러나 여성들이 상대편의 값어치를 매기고 난 결과에 따라 그녀에 대한 말투나 태도까지 달라진다는 것은 도대체 어찌 된 셈일까요. 그녀의 손가락에 낀 반지가 몇 캐럿이든 그런 것이 소유자의 인품이나 내면적인 가치와는 아무런 관계도 없는데도 그것을 가지고 상대편의 인격(?)을 저울질 하다니…….

이와 같은 예에서도 밝혀졌듯이 허영의 본체는 차별적이며 때에 따라서는 시기적이며 적대적이기도 합니다.

"이 반지 어때요?"

하며 자랑함으로써 상대편에게 불쾌감, 선망감, 질투심을 일으키게 한 다음 속으로는 은근히 기뻐하는 그러한 매커니즘이 여성의 본체입니다. 한마디로 휴머니티가 결여된 심리라고 말할 수 있습니다.

　그렇다면 여성들이 허영심이 강하다고 하는 것은 근성이 나쁘거나 어리석은 탓일까요?

　"그런 식으로 평가하지 마세요! 남성도 여성 못지 않게 허영심이 강하단 말이예요?"

　이렇게 여성들께서 반문하실지 모릅니다. 그러나 사나이들의 허영은 그 내용이나 질이 좀 다릅니다. 남자들은 "자네만을 믿겠네……"하고 추켜세우면 "음 내게 맡겨두게" 하면서 가슴을 펴 보이거나 "선배님! 모교에서는 선배님 평판이 대단합니다"라고 비행기를 태우면 "음 그렇지! 자 오늘밤은 내가 한 잔 살게" 하면서 뽐냅니다.

　대체적으로 남자들의 허영심은 남으로부터 잘 보여지기를 원하는 심리가 있을지언정 남을 해치거나 마음을 상하게 만드는 일은 극히 드물다고 하겠습니다. 즉 한마디로 말해서 남자들은 허세나 겉치레에 불과한 데 반하여 여자들은 진성(眞性)의 허영이라고 말할 수 있습니다.

그러나——"그러므로 여자들은 속성이 나쁘다"라고 결론을 내리는 것은 폭론(暴論)에 지나지 않습니다. 실은 그게 아니라 여성은 남자들보다도 '자기현시욕'이 좀 왕성하여 이 때문에 '주의획득욕'이 스트레이트로 나오는 것에 불과하다고 해석하면 좋습니다.

여성들이 얼마 만큼 주위 사람들의 눈을 의식하며 주목 받는 것을 좋아하는가 하면——패션쇼의 스테이지에서 그대로 내려온 듯한 기발한 옷차림으로 거리를 활보하는 것을 보면 알 수가 있습니다. 이런 여성은 주의획득욕이 가장 해학적으로 발휘된 전형이라고 하겠습니다. 이런 경우 그녀는 길가는 사람들이 어처구니 없어해 하는 것도 모르고 모두가 자신의 옷차림을 보고 부러워하며 찬탄해 준다고 착각하는 것입니다.

대체적으로 여성은 타인의 눈에 비치는(실은 비친다고 생각하는) 모습에 따라 자신을 평가하는 성향을 지니고 있습니다. 즉 '타인지향적' 경향을 가지고 있습니다. 이 때문에 자기 자신을 의식하지 못하는 일이 왕왕 있습니다.

이러한 심리를 분명하게 말씀드린다면 자신에 대하여 진정 자신감을 지니고 있지 못하다는 데 원인이 있습니다. 심한 여인의 경우는 허영 때문에 삶을 영위하는 듯한 사람도 있습니다.

마지막으로 사족을 붙여 한마디 합니다. "허영심이란 아무리 감추려고 해도 상대편에서 알아 차린다"는 경구(警句)입니다.

36. 왜 여자는 집념이 강한가

찌는 듯이 무더운 여름 밤이 되면 가끔 TV의 단막극이나 라디오의 연속극에서 괴기물이 방송됩니다. 그런데 대개의 경우 한맺힌 여인이 유령이 되어 복수를 한다는 이야기의 줄거리입니다. 이와 같은 드라마

를 보고 난 남성들은

"여인들이 한(恨)을 품는 집념은 무서울 정도다"

라고 말하면서 혀를 찹니다. 그렇다면 왜 여성은 이토록 집념이 강할까요.

첫번째 이유는, 대체적으로 남성은 외향적인데 반하여 여성들은 내향적이라는 점입니다. 그 누군가에 대하여 노여움이나 증오심을 느꼈을 경우 남자들은 그것을 겉으로 드러내 표시합니다. 그러나 여자들은 속에 간직해 두는 것입니다. 겉으로 모조리 발산해 버리면 응어리가 남아 있지 않아 그것으로 끝나버릴텐데 여성들은 내면 깊숙히 묻어 두기 때문에 그것이 결국 한(恨)이라는 응어리가 되어 약한 지표(地表)를 찾아 수시로 폭발하고 맙니다. 집념이 강하다는 근본 원인이 바로 여기에 있는 것입니다.

두번째 이유는, 여성 특유의 집착심리와 연관이 있습니다. 여성들은 무엇이든 챙겨놓는 버릇이 있습니다. 가정주부들을 유심히 관찰해 보십시오.

그녀들은 포장지, 빈상자, 빈병, 옷감, 자투리 등을 소중하게 간직하고 있습니다. 딸들도 엄마와 마찬가지죠. 기한이 지난 초대권, 구경하고 난 극장표, 빛바랜 조화(造花) 등 가치없는 잡동사니를 알뜰히 챙겨놓고 있습니다. 이와 같은 심리는 '언젠가는 소용이 되겠지…'하는 상비정신(常備精神)에 기인된 것은 아닙니다. 그렇다고 해서 욕심쟁이가 되어서 그렇게 된 것도 아닙니다.

여성들은 낡고, 손때가 묻은 것에 애착을 가지고 결단력있게 정리해 버리는 심리가 약하기 때문입니다. 이와 같은 심리가 물건 뿐만이 아니라 대인적인 것에도 발휘되기 때문에 한 번 한을 품게 되면 그 감정이 사그러들지 못하고 수년, 수십년 간직해 두게 되는 것입니다.

세번째 이유는, 여성들은 기억력이 우수하기 때문입니다. 확실히 여

성들의 기억력은 알아 주어야 합니다. 그러나 정확히 말한다면 특별히 탁월한 것은 논리적 기억이 아니라 인상적, 단편적 기억입니다. 그런 까닭으로 "이 여성은, 내가 한때 마음을 두었던 여성이야……" 하면서 경솔(?)하게 결혼 전에 찍어두었던 사진 같은 것을 보여주게 되면 10년 아니 20년이 지난 후 아이들이 태어나 대학에 갈 무렵까지도

"여보! 조금 전에 인사하며 우리 옆을 스쳐간 그 여자, 당신의 첫사랑인 그 여자와 닮은 데가 있어요. 당신 그런 여자를 좋아하지요?"

이렇게 꼬집기도 합니다. 그런데 이와 같이 꼬집기를 좋아하는 특기는 단순히 단편적인 기억력의 탁월함만이 아니라 한걸음 더 나아가 확대 해석을 조립하는 능력이 뛰어나서 생겨나는 것입니다.

"밤이 이렇게 깊었는데도 어떻게 전화 한 통 없는지 모르겠어요! 이젠 당신이 나같은 것에 대해서는 애정이란 눈꼽만치도 없는 게 아니예요?"

"여보 미안해요. 그건 애정이 없는 것이 아니라……당신의 오해예요"

"오해라고요? 그럼 한 가지 물어보겠는데 3년 전 결혼기념일에 당신 어떻게 했지요? 나하고 함께 밖에 나가 저녁식사를 하자고 자기 입으로 말해 놓고 결국 그 날 밤 늦게 집에 돌아오지 않았나요╱ 당신 말대로 애정이 있다면 그렇게 사람을 무시할 수 있어요?"

"아니……그날은 갑자기 회사에 급한 일이 생겨서……"

"이제 변명에는 진절머리가 나요. 그렇다면 작년 2월 9일은 어땠어요? 그날 밤 내가 감기가 들어서 몹시 열을 내고 앓고 있었는데 당신은 모른 척 하지 않았어요? "이걸 어쩌나……한밤중에 약을 사러 갈 수도 없고……" 하면서 이불을 뒤집어 쓰고 코를 골며 자지 않았어요? 당신은 참으로 무심하고 박정한 남자예요╱"

"그렇지만 박정하다고 하는 말은 좀……"

"정말로 당신은 박정한 사내예요. 오늘 밤도 그래요. 밖에서 병원의 구급차 사이렌 소리가 들리면 심장이 멎는 것 같아요. 혹시 당신이 교통사고라도……. 매일 밤 귀가시간도 일정하지를 않고…… 정말 이대로 가다가는 내가 병에 걸리고 말겠어요. 내가 병으로 자리에 눕더라도 당신은 오늘 밤처럼 태연하게 친구들과 술만 마시고 있을 거예요. 그래서 나는 쥐도 새도 모르게 죽고 말게 될거고"

눈에 눈물이 글썽거리는 마누라의 모습을 발견하고 남편은 대경실색.

"너무 비약하지 말아요"

어쩔줄 모르고 당황하는 남편에게 가시돋친 말을 계속 쏘아댑니다.

"비약하지 말라고요? 당신은 내가 죽는 것을 진심으로 원하고 있는 것 같아요. 이제 모든 것을 다 알았어요. 내가 죽어 없어지면 젊고 예쁜 여자와 결혼하려고 마음 먹고 있어요╱ 마음대로 해봐요╱ 내가 죽어서라도 그 원수는 꼭 갚고야 말테니까"

이와 같은 논전(論戰)으로 발전하게 되면 여편네의 독무대가 되어 버리고 세상 사내족들은 몸 둘 바를 모르게 됩니다. 그 집요한 갈고리 공격을 한숨만 쉬고 밤새도록 당하고 있을 수밖엔…….

그런데 곰곰히 생각해 보게 되면 여자들이 머리 속에 간직해 두고 있는 기억의 단편들은 거의 하찮은 것들입니다. 그러니까 남편이란 아내에게 있어서 없어서는 안될 존재라는 것이 입증된 셈이 아니겠습니까.

37. 왜 여자는 히스테리를 일으키는가

"당신*!* 이렇게 밤 늦도록 어디에서 무얼하고 오는 거예요? 아이 속상해*!*"

술에 만취되어 비틀거리며 돌아온 남편의 얼굴을 보자마자 앙칼진 소리를 지르면서 슬리퍼를 집어던진다. 현관에서 몸을 가누지 못하고 쓰러지게 되면 목덜미를 움켜쥐고 방안으로 끌고 들어와 레슬링 선수마냥 남편을 이불 위에 엎어누른다. 이때 호주머니 속에서 의심이 가는 여자의 명함이라도 나오는 날에는 예외없이 얼굴에 손톱자국이 남는다.

혹은 이처럼 화려(?)한 표시를 하지 않더라도 남편이 술에 취해 돌아온 다음 날 아침에는

"속상해 죽겠다*!*"

하면서 이불을 뒤집어 쓰고 식사준비고 무엇이고 간에 완전히 포기해 버리고 만다. 그리고는 벙어리 전술작전에 돌입한다. 여성들은 어째서 가끔 히스테리를 일으키는 것일까……

히스테리란 말의 어원은 본래 그리스어로서 여자의 자궁(子宮)을 뜻하는 것인데 여성 특유의 속성이란 것을 무조건 믿기만 하면 되는 것입

니다. 그렇지만 구지 그 이유를 설명한다면 남성보다 여성쪽이 희노애락의 표현이 과장되고 연극적이라는 점, 사소한 자극에 대하여 과민하게 반응하기 쉽다는 점, 반응에 브레이크가 걸리지 않으며 지름길 반응이나 폭발행동을 일으키기 쉽다는 점 등을 들 수가 있습니다.

지름길 반응이란 가령 친구인 숙자가 자신에게 대하여 험담을 하더라는 말을 듣게 되면 그 진위를 확인해 보지도 않고 "내가 그 애를 잘못 보았어! 배신을 당했어!"하며 이를 갈며 "흥 두고 보자!" 하면서 이쪽에서도 방송국을 개설하고 모략이나 중상을 퍼뜨리는 반응을 일으킨다는 것입니다.

다음으로 폭발행동이란 참새가 방향을 잘못 잡아 집안에 날아들게 되면 나갈 곳을 찾지 못하고 경황없이 날아 다니다가 창문에 부딪치는 그와 같은 행동을 폭발행동이라고 말합니다. 말하자면 지름길 반응이나 폭발반응 등은 두 가지 모두가 욕구달성의 방법치고는 유치하고 소아병적이라고 말하지 않을 수가 없습니다.

일단 '이젠 도저히 참을 수가 없다!'라는 생각을 갖게 되면 여태까지 참고 있었던 자신의 모습이 초라하게 느껴지거나, 자신이 화를 내는 것이 당연하다는 생각이 들게 되는 것입니다. 이렇듯 내부촉발이 연쇄반응적으로 일어나게 되어 순식간에 겉잡을 수 없을 정도로 확산하게 됩니다.——여성들은 바로 이러한 심리구조(메커니즘)를 지니고 있는 것입니다.

그러나 진짜 히스테리는 '욕구가 억압되어 있을 때 그 욕구가 배출구를 찾아내려고 하는 일종의 생리현상'이라고 말할 수 있습니다. 사나운 시어머니와 한지붕 밑에서 전전긍긍하며 살던 며느리가 오래간만에 친정에 가서 꿈과 같은 생활을 보내다가 시가에 돌아가야 하는 날, 아침부터 심한 복통을 일으켜 친정 식구들을 초조하게 만듭니다. 그러나 이 며느리는 친정 부모로부터 간곡한 설교(?)를 듣고 집을 나서게

됩니다만 시가에 당도하여 대문 앞에 서는 순간……온몸에서 힘이 빠져나가 도무지 발을 움직일 수가 없습니다.

그런가하면 이러한 예도 있습니다. 여대생이 흥미가 없는 학과의 시험날이 되어 설사나 구토증세를 나타내어 시험을 못치루는 예도 있습니다. 이것은 꾀병이 아니라 실제로 그런 일이 일어납니다.

그래서 프로이드는 "히스테리란 욕구나 소망의 육체전환(肉體轉換)이며 질병에의 도피"라고 주장하고 있습니다. 앓아눕게 되면 시가에 돌아가지 않아도 된다, 시험을 치루지 않아도 된다는 이득이 있기 때문에 '무의식적으로 질병이득을 노리는 메커니즘'이라고 해석하기도 합니다.

따라서 이와 같은 진성(眞性) 히스테리는 여성 뿐만이 아니라 남성에게도 있을 수 있는 현상으로서 실제로는 전시 때 일선 병사들 가운데는 수족이 마비되거나 난청의 환자가 많이 발생하는 것입니다. 그런데

이 히스테리 증상이 특히 여성에게 많은 것은 무엇 때문일까요? 그것은 평소 여성들에겐 억압이 강하게 작용하기 때문입니다.

그러나 오늘날 여성들은 봉건적인 제약이나 규제에서 크게 해방되고 있으며 사회적 지위도 향상되고 있습니다. 그래서 여성의 히스테리는 옛날에 비하여 격감되고 있는 실정입니다.

그러나 진성 히스테리는 줄어 들었다 해도 히스테리적 증후를 나타내는 여성——마음에 내키지 않는 일이 생기면 신경질을 낸다거나, 물불을 가리지 않고 화를 내는 여직원, 연인으로부터 충격을 받으면 식사도 안하려는 아가씨, 부부싸움이 벌어지는 날엔 세간살이를 마구 집어 던지며 소리를 고래고래 지르는 여인들——이 밖에도 여성의 히스테리 발작은 얼마든지 있습니다.

이런 것들은 무엇보다도 그 여성의 성격에도 문제가 있지만 또 다른 원인으로서는 남성들이 정신적 또는 물질적으로 불만을 주거나 성적으로 욕구를 충족시켜 주지 못했기 때문이기도 합니다.

오늘날 히스테리의 원인 중 80퍼센트가 남성에게 책임이 있으며 “히스테리의 이면에는 반드시 남자가 존재한다”라고 말하여도 지나치지 않습니다. 이런 점을 인식하고 ‘우리집 여편네의 히스테리 때문에 미칠것 같애!’라는 식의 생각을 버리고 자기 스스로의 행위를 냉정히 반성해 볼 필요가 있습니다.

일반적으로 남성들은 여성들의 히스테리를 “곤란한 병적 증상이다”라고 말씀하실지 몰라도 그다지 위험스러운 것은 아닙니다. 오히려 억압을 꾹 참고 있는 여성쪽이 위험합니다. 남편의 바람끼를 발견하고 길길이 날뛰는 마누라는 투피스 한 벌 정도로 진정시킬 수가 있지만 냉정하게 참아내는 마누라는 언젠가는 사생결단을 낼지도 모릅니다. 이 점을 남편들은 잊어서는 안됩니다.

38. 왜 여자는 싼 가격에 홀딱 반하는가

'그야 여성들은 낭비를 싫어하고 절약하는 것을 좋아하기 때문이지'

이렇게 생각하기가 쉽습니다. 그러나 남자들의 눈으로 보게 되면 아무래도 이상하게 생각됩니다.

"이 물건을 왜 샀지?"

하고 남편들이 묻게 되면

"값이 헐하기 때문에 샀어요"

이렇게 부인들의 대답이 나오게 됩니다——이런 식의 대화는 흔히 우리들 가정에서 들어보는 말입니다. 여성들이 물건을 사게 된 최대의 이유는 "값이 저렴했기 때문이다"라고 말하지만 남자들은 그 물건이 현재 가장 필요한 것인지의 여부에 따라 결정되어야 한다고 생각합니다.

어느 신혼생활의 남편이 불만스럽게 투덜거렸습니다.

"며칠 전 우연히 부엌안을 살펴 보았더니 벽에 장바구니가 네 개씩이나 걸려 있었습니다. 그래서 그 까닭을 물어보았더니 너무나 값이 헐해서 샀다고 하지 않겠어요? 그래서 나는 이렇게 말해 주었습니다. 바구니를 들고 다니는 손은 두 개밖에 없지 않아……"라고.

이와 같은 예는 극단적이라고는 하더라도 '사은 대봉사' '특별 바겐세일'이라는 선전이 신문에라도 실리면 여성들은 눈에 불을 켜고 쫓아갑니다. 정가표에 붉은 표시로 ×를 그어놓고 반액세일이라도 하게 되면

'좀 마음에는 들지 않지만 이렇게 값이 싼데……'

하면서 이것도 하나, 저것도 하나의 식으로 분수없이 쇼핑을 하게 됩니다. 파격적으로 값싼 물건을 발견하게 되면 유혹을 받는 것은 사람의 심리입니다. 물건을 사는 데에는 그만한 이유가 있으며 논리가

정연한 것 같지만 실은 합리성이 결여되고 있는 일이 많습니다.

'싼게 비지떡'이란 말이 있듯이 질이 나쁜 물건을 사서 결국 돈을 낭비하는 경우도 적지 않습니다.

이런 것을 분명하게 지적한다면, 여성들은 대국(大局)을 바라다 보지 못하고 눈앞의 일에 현혹되기 쉽기 때문입니다. 그리고 그렇게 된 원인은 본래 여성들은 분석력에는 뛰어나지만 종합력에는 약하다는 데 있습니다.

이렇게 말씀드리면 여성들께서 분개하실지 몰라도 그러나 특매장(特賣場)의 저 혼잡함을, 그리고 저 광란상을 어떻게 해석해야 하겠습니까. 주위 사람들이 앞을 다투어 사는 것을 보게 되면 잠시라도 꾸물거리고 있을 수 없는 심정이 됩니다. 잠자코 방관만 하고 있으면 시간이 지나갈수록 좋은 상품을 다른 사람에게 빼앗긴다는 생각에 사로잡히게 되는 것입니다. 그래서 팔을 걷어 부치고 혈안이 되어 물건을 고르게 됩니다.

참으로 멋지게 집단최면(集團催眠) 상태에 걸려들고 마는 것입니다.

"여보세요! 내가 먼저 골라놓은 것이예요!"

이렇게 말하면서 서너 가지의 물건을 잔뜩 끌어안고 선취득권(?)을 주장합니다. 어느 것을 살 것인가의 결정은 우선 뒤로 미루고 좋아보이는 것은 무조건 확보해 놓고 보자는 치열한 쟁탈전이 전개되는 것입니다. 막대한 에너지와 시간과 교통비를 투입하여 불요불급(不要不急)의 물건을 잔뜩 사가지고 집으로 돌아오는 것입니다. 과연 플러스, 마이너스 어느 쪽일까요?

나는 한 번은 어느 백화점의 바겐세일 주임에게 다음과 같은 질문을 해 본 일이 있었습니다.

"그 동안의 경험에서 손님들이 얼마 만큼 몰려 드는가를 예측할 수 있지 않겠습니까. 그렇다면 왜 매장을 확장하지 않습니까?"

이렇게 말했더니 그는 빙그레 웃으면서 내 질문에 대답을 해주었습니다.

"무슨 말씀인지 이해합니다. 그러나 매장 면적이 좁으면 좁을수록 오히려 좋습니다. 그 이유는 좁은 장소에 물건을 쌓아 두어야 풍성감을 크게 발휘할 수 있습니다"

총명하신 주부님들! 그리고 숙녀님들! 이 장사치들의 계략을 알고나 있습니까?

"그만한 것 쯤이야 알고 있어요. 그러나 바겐세일의 긴장과 흥분은 참으로 스릴이 있고 감동적이예요. 그것까지는 미처 모르고 계셨군요"

이렇게 말씀하신다면 더 이상 할 말이 없습니다. 절대로 사모님들의 즐거움에 간섭할 생각은 추호도 없으니까 말입니다.

거기에다

"사내들이 월급도 제대로 갖다 주지 못한 주제에 값싼 물건을 산다고 비아냥거릴 자격이 없지 않아요?"

　하고 말씀하신다면──예 알았습니다. 더 할 말이 없습니다 하고 손을 들 수밖에 없지요.

39. 왜 여자는 전화로써 긴 얘기를 하는가

　공중전화로 급한 연락을 하려고 전화박스에 달려갔는데 먼저 온 사람이 전화기에 매달려 언제 끝낼지도 모를 기약없는 이야기를 질질 끄는 것을 보게 되면 정말로 울화통이 터질 지경입니다. 참다 못해 그자의 뒤통수에 대고 헛기침을 연발해도 아랑곳 하지 않습니다. 능글맞고 염치없는 놈 앞에서는 어떠한 시위도 소용이 없습니다.

　이렇듯 염치없는 짓을 하는 사람들 가운데에는 녀석들도 있지만 이상하게도 여성쪽이 월등하게 많습니다. 그것도 젊고 발랄한 느낌을 주는 여성이 통계적으로 많다는 사실은 어찌된 일일까요? 그녀들은 비오는 날이면 잽싸게 택시를 잡는 데는 비상한 솜씨를 보여주는데 이처럼 공중전화의 경우는 지독하게 슬로 템포로 표변(豹變)해 버리는데 그 까닭은 왜 그럴까요?

　이제 자기 차례가 되었으니 좀 더 오랫동안 통화를 하지 않으면 손해를 본다는 심사인가요? 그게 아니면 차례를 기다리고 있는 사람에게 좀더 기다리게 하여 골려주자는 심사인가요? 그럼 이것도 저것도 아니라면 자신이 지루하게 기다렸던 분풀이를 뒷사람에게 물려주자는 수작인가요? 그렇지 않다면 지독한 불감증에 걸린 여자란 말인가요?

　이 가운데 그 어느 것도 정답이 아니라고 나는 생각합니다. 그토록 매력적인 숙녀들이 설마 그런 정도의 심술쟁이라고는 아무리 생각해도 수긍이 가지 않습니다. 그렇다면 원인은 과연 어디에 있을까요.

　첫째 원인은, 여성들은 남성들에 비하여 약간 자기중심적인 면이 있

다고 해석합니다. 그녀들 중 70퍼센트 정도는 '내 차례가 오면 가급적 빨리 통화를 끝내야 되겠다'라고 생각할 것입니다. 그리고 나머지 30퍼센트의 여성도 '일부러 길게 통화를 해야겠다'고 마음 먹지는 않을 것입니다. 그런데 수화기를 손에 드는 순간, 어느 사이엔가 '빨리'라는 생각이 흐려지고 마는 것입니다. 그래서 남에게 지장을 준다는 생각은 서서히 안개 속으로 묻혀지고 마는 것입니다.

둘째 원인은, 여성들은 구심적(求心的), 상황몰입적이라는 점입니다. 즉 전화를 걸 때에는 그 상황, 그 기분에 간단히 젖어들게 된다는 말입니다. 그 증거로 남자들의 통화 형태는 다분히 틀에 박힌 형, 즉 스테레오 타입적인 데가 있습니다만 여성의 말투는 매우 버라이어티한 데가 있어서 마치 자신의 눈 앞에 상대편이 있는 것처럼 이야기를 하는 것입니다. 그래서

"어머나……아이 싫어. 호호……호. 그건 실례예요"

이렇듯 마냥 즐거워하며 떠들어 댑니다. 전화통의 인계를 애타게 기다리는 사람들에 대한 실례는 아랑곳 없이…….

통화 대상이 연인일 경우에는 더더욱 곤란합니다.

"당신의 기분 알고 있어요. 그렇지만 어떻게 그런 일을……. 아！정말 기뻐요. 뭐라구요？ 오해 같은 건 하지 않아요. 진정이세요？ 그렇지만 전화로는 말할 수 없어요……."

말할 수 없다면 곧바로 전화를 끊으면 될 것인데 전화줄을 손으로 만지작 거리며 밑도 끝도 없는 이야기가 계속 이어집니다. 마치 천일야화처럼 길고도 긴 이야기. 지독한 경우는 보고 온 영화 줄거리를 늘어놓는 여자들이 있습니다. 그리고는

"그럼 30분 후에 그 다방에서 만나요. 늦으면 안돼요！"

어째서 영화 설명을 다방에서 만날 때 하지 않고 전화통에 대고 하는지……정말 아연실색하지 않을 수가 없습니다.

셋째 원인은, 여성들은 이야기를 간략화하는 재주나 요령있게 이야기를 정리하는 기술이 미숙하다는 점입니다. 볼 일이 있어서 찾아간 사람이 장황하게 인사를 늘어 놓거나 세상 돌아가는 이야기에 정신 없이 몰두하다가 정작 용건에 대해서는 막판에 가서야

"에구머니나 내 정신 좀 봐！ 하마터면 용건을 잊어 먹을 뻔 했네…"
라고.

여성들의 이야기 내용을 몰래 숨어서 녹음을 한다면 문장에 비유할 때 '，(쉼표)'만 있을 뿐 '．(마침표)'가 없는 길고 긴 문장이 될 것입니다. 이 글을 읽고 짜증을 내거나 속상해 하는 여성이 계신다면 당신은 그렇지 않다는 실적을 가지고 반격을 하시면 됩니다. 발랄한 음성으로 짧게 통화를 하시는 당신은 틀림없이 매력이 돋보이게 될 것입니다.

40. 왜 여자는 방향감각이 둔한가

평소에 알고 지내던 친지의 집을 처음 방문하고 돌아오는 길에

"정말로 멋있게 꾸며놓은 집이였어. 나도 결혼을 하여 저런 집에 살아보았으면……"

이생각 저생각으로 무심코 버스에 오른 것까지는 좋았으나 버스는 반대방향으로 발진(發進).

'이상한데. 올 때의 길과는 다르지 않아'

하고 제정신으로 돌아왔을 때는 버스를 탄지 이미 20분 정도가 지난 후——이와 같은 실수는 아무래도 '여성전용'이 아닌가 싶습니다. 백화점이나 레스토랑을 나서는 순간 동쪽과 서쪽이 분간이 잘 안돼 한참 동안 허둥대는 일도 가끔 있는 일. 어찌하여 여성들은 그렇게도 방향감각이 둔할까요.

방향감각이란 시각중추, 운동중추, 인지작용, 기억작용 등이 총합된 것이라고 하겠습니다. 이와 같은 생리적 조건은 태어날 때부터 여성이 남성보다 뒤떨어져 있다는 근거는 없습니다. 그렇다면 이것은 후천적으로 생겨난 편차라고 보지 않을 수가 없습니다.

남성들은 외부에서 활동하는 반면 여성들은 내부를 지킨다는 생활양식을 우리 인류들은 조상 대대로 되풀이 해왔기 때문에 자연히 방향감각에 핸디캡이 생긴 것이다——이렇게도 생각해 볼 수가 있습니다.

또한 여성들은 남에게 의존하려는 의타심이 강하기 때문에 남을 믿고 자신은 기억해 두려고 하지 않기 때문이라고 해석하는 사람도 있습니다.

아니 그런게 아니라 여성은 본래 로맨틱하여 '이 길은 언젠가 와본 길 같다'라는 추억을 더듬는 정서를 지니고 있기 때문이라고 호의적(?)인 해석을 내리는 사람도 있습니다.

　흔히 남자들은 1차, 2차, 3차의 식으로 술집을 순례하다가 결국 술에 만취해 버립니다. 그러나 최종적으로는 집에 돌아가지 않으면 안됩니다. 이것이 하나의 습관성이 되어 '귀소본능(歸巢本能)'이 발달하게 되었으며 그래서 방향감각이 예리하다는 주장도 있습니다. 이와 같은 이론을 앞세운다면 남성들은 모두가 정글 속에 살고 있는 동물과 비슷한 존재가 된다는 결론이어서 여성쪽이 남자들보다 훨씬 고상한 존재라는 말이 됩니다.

　그렇다고는 해도 가끔 방향을 잘못 잡는다는 것은 사회생활을 영위하는 데 있어서 마이너스가 되지 않을 수가 없습니다.

　"길을 물어 보려거든 가급적 여자에게 물어보지 않는 것이 좋다. '저쪽이예요' 하며 엉뚱한 곳을 가리키거나 '조금만 더 가면 된다' 또는 '한참 가야 된다' 라든가 하는 애매한 표현이 많기 때문이다"

　이런 말을 듣게 되는 것은 그다지 명예스러운 일은 아닙니다.

그러나 여성이라 해도 마음만 굳게 갖고 있으면 방향감각이 강해질 수가 있습니다. 심리학적으로 방향감이라는 것은 인지구조분화(認知構造分化)와 이의 재편성, 즉 종합 정도에 따라 결정된다고 합니다. 여성들은 분화의 작용이 탁월합니다. 그러므로 어떤 장소에 가게 되면 이 골목 몇 번째 집이 맛좋은 아이스크림 파는 집이라든가 하는 것을 잘 기억하고 있습니다. 그러나 종합작용은 약간 뒤지는 편입니다.

따라서 가령 초행길을 택시를 타고 갈 경우 '아 오른쪽으로 꺾어 들어갔구나' '왼쪽으로 꺾어 들어갔구나'하는 식으로 기억하려고 하지 말고 중요한 지점을 기점으로 하여 마음 속에 지도를 그리는 것이다 — 이와 같은 훈련을 쌓게 되면 방향감각이 정확해 질 수가 있습니다.

41. 왜 여자는 점괘에 관심을 기울이는가

남성을 대상으로 한 잡지나 주간지에는 점괘(占卦)에 대한 기사가 거의 없는데 반하여 여성을 대상으로 한 잡지나 주간지에는 반드시라고 할 수 있을 만큼 점괘에 대한 란이 마련되어 있습니다. 그런가 하면 거리 뒷골목이나 큰 길가 가로수 그늘 밑에 조그마한 앉은뱅이 책상을 앞에 놓고 앉아 있는 점쟁이들. 그들 앞에 쪼그리고 앉아 있는 손님들은 약 70퍼센트가 여성들입니다. 이것을 보아도 여성들이 얼마나 점괘에 매력을 느끼고 있는가를 알 수가 있습니다. 그렇다면 여성들은 어찌하여 그토록 점을 치기를 좋아할까요?

오늘의 현대여성들. 특히 젊은 여성들 가운데에는 점괘를 액면 그대로 신뢰하려고 하는 사람은 드물 것입니다. 더군다나 여성잡지란의 '이달의 운세'를 읽고 그것을 그 달의 운세로 삼아 생활설계를 세우려는 어리석은 여성은 아마도 없을 것입니다. 그러나 역시 대부분의 여성들은 '이달의 운세'에 관심을 가지고 읽게 됩니다.

　이와 같은 현상은 그녀들이 그런 것을 '흥미롭다'고 느끼기 때문입니다. 아마도 하나의 레크리에이션으로 받아들이는 것이 아닌지도 모르겠습니다.

　그러나 '흥미롭다'의 심리를 분석해 볼 것 같으면 거기에는 작은 불안과 기대의 교차가 내재되어 있다고 하겠습니다. '무엇이라고 쓰여져 있을까?'하는 일말의 긴장감과 '혹시 좋은 일이라도 있었으면……'하는 달콤한 기대가 담겨져 있는 것입니다. 이 기대감에는 특히 연애, 결혼, 취직, 전직 등의 면에서 강하게 작용하고 있습니다. 그래서 여성지의 점괘는 이런 면에 흥미를 갖게 하는 예측을 많이 게재하고 있습니다.

　곰곰히 생각해 보면 넌센스의 이야기입니다.

　여성잡지 A지에는 "금주에는 적극적인 어필을 시도해 보십시오. 성공은 틀림없습니다. 그러나 강행하는 것은 좋지 않습니다. 그런 티를

보이지 않는 것이 비결입니다." 그런데

B지에는 "금주에는 만사를 조심해야 합니다. 데이트는 상대편에서 요구해 올 때에만 응하십시오. 그리고 잃어버리는 물건에 조심하십시오. 천천히 때를 기다리십시오."

C지에는 또 다른 말들이 쓰여져 있습니다. 이런 것을 보더라도 점괘가 얼마나 엉터리라는 것을 알 수가 있습니다.

그런데 여성들은 여러 종류의 잡지에 실린 운세란을 읽어보고 그 중에서 자신에게 알맞는 것만 골라 냅니다. 그리고 나서는 '혹시나……' 하는 기대와 희망을 가지고 결과를 지켜 봅니다. 길거리에 진을 치고 앉아 있는 점쟁이나 사주관상쟁이에 대해서도 흥미와 관심을 쏟습니다. "들어 맞는 것도 팔괘(八卦), 들어 맞지 않는 것도 팔괘"라는 말은 참으로 재미있는 말입니다. 팔괘란 고대 중국인들이 점복(占卜)에 사용하여 발전해 온 것인데 건(乾), 태(兌), 이(離), 진(震), 손(巽), 감(坎), 간(艮), 곤(坤)을 일컬음입니다.

만일 당신이 그들 역자(易者) 사이를 누비고 다닌다면 당신의 운세는 길과 흉이 각기 반반씩이 된다는 것은 확률론적으로 틀림없는 일입니다. 그런데도 그녀들은 "저 사람의 점괘는 신기하게도 잘 맞는다"라고 말들을 합니다. 그와 같은 일은 맞지 않는 부분에는 귀를 가리고 맞는 부분만에만 귀를 열어 놓으려고 하는 마음의 경사(傾斜)가 이미 자리잡고 있기 때문입니다.

점쟁이들은 바로 이 경사를 이용하는 것입니다. 이들이 입을 열고 내뱉는 첫마디가 "최근 당신이 살고 있는 집 근처에서 무엇인가 공사를 하는 일이 있었지요?"하는 식으로 자신감에 찬 어조로 물어 봅니다. 요사히 건축 붐이 일고 있는터라 곳곳에서 집을 짓고 있는 것은 당연한 일. 그게 아니라도 매일같이 이곳 저곳에서 도로공사, 수도공사, 전기공사 등을 하고 있기 때문에 이와 같은 점쟁이의 말을 들은 손님들은 '어찌 그리 용케도 맞출까……'하고 감탄하게 됩니다.

일단 점쟁이의 말을 믿기 시작하면 그 다음부터는 최면술에 걸린 심리상태가 되어 점쟁이의 말이 모두가 진실 같고 옳은 것 같아지는 것입니다. 그래서 그의 한마디 한마디가——예언처럼 받아들여져 말끝마다 고개를 끄덕이며 귀를 기울이게 되는 것입니다.

만일 당신이 "아닙니다. 공사 같은거 한 일이 없습니다"라고 말한다면 그 점쟁이는 침착한 어조로 "그거 참 다행이군요. 만일 그러한 일이 있었다면 당신의 운세가 불리할 뻔 했습니다"라고 넘겨버리면 된다는 말입니다.

즉 여성들이 점괘에 끌려드는 첫째 이유는, 암시에 걸리기 쉽다는 데 있습니다.

그리고 둘째 이유는, 권위에 약하고 신비성을 좋아한다는 데 있습니다. 그러므로 점쟁이들은 역사의 위인, 현존의 유명인, 저명한 학자 등의 이름을 입에 올리거나 수염을 길게 기른다거나 도포(道袍)같은 옷차림, 장엄한 목소리, 그런가하면 기묘하게 그려놓은 부적, 점대(50개의 대오리로 되어 있음), 염주, 괴상한 그림첩, 심지어 수정구(水晶球), 트럼프 따위의 소도구를 사용하거나 합니다. 이와 같은 것들은 사회심리학에서 말하는 '위광효과(威光效果)'를 높이는 데 기여하고 있는 것입니다.

그러나 보다 근본적인 원인으로서는 셋째로, 여성은 남성보다 장래에의 불안감이 훨씬 강하다는 점입니다. 여성들은 인생살이에 있어서 스스로 굳은 결의를 가지고 실행하는 결단력이 부족하다고 하겠습니다. 이때문에 중대한 기로에 서게 되면 최종순간에 이르기까지 혼자서 고민하며 괴로워하다가 마침내 운명을 하늘에 맡긴다는 심정으로 남의 말에 따르게 됩니다. 즉 최종적으로는 그 누군가에 의존하는 경향이 있다는 말입니다.

그러므로 점쟁이들은 가끔 '신(神)의 음성'의 대변자가 되기도 하며, 고민거리의 카운슬러 노릇을 하기도 합니다. 그 증거로써 그들은 마지막에 반드시 무엇인가 희망을 안겨주는 '위로의 말'이나 '구제의 방법론'을 제시하는 것입니다. 즉 부적을 써준다거나 굿을 권유한다거나 백일기도나 불공을 제안하는 일입니다. 우리 나라는 미국 같은 나라에 비하여 카운슬링의 시설이나 제도가 발달되지 못해 이 점에 있어서는 점쟁이들이 사회적으로 공헌하고 있다 할 수 있습니다.

여성들께서는 "재미있다./""심심풀이로 한 번 물어본다./"라고 그럴듯한 이유를 대고 있지만 그와 같은 의식 속에는 일종의 의존심이 잠재해 있지 않는가 반성해 볼 필요가 있습니다. 그리고 자주성을 확립하도록 노력을 해야 할 것입니다.

42. 왜 여자는 게걸들린 사람처럼 먹기를 좋아하나

여성이 가장 순진하고 천진난만한 모습을 보일 때는—— 맛있는 음식을 먹을 때입니다. 이것은 식사 때에만 국한된 것이 아닙니다. 간식의 경우도 마찬가지입니다. 초콜릿, 케이크 또는 군고구마 무엇이든지 잘 먹습니다.

"그런 것은 절대로 먹지 않아요"라고 말하는 여성이 있다면 그녀는 먹는 취미가 없는 것이 아니라 비만을 우려하여 음식을 가려서 먹는 중이기 때문입니다. 왜 이처럼 여성들은 입을 놀리는 것을 좋아할까요? 배가 고파서라면 또 몰라도 그런 것과는 관계 없이 틈만 나면 입속에다 무엇인가 넣고 우물거려야 합니다. 도대체 어찌된 일일까요?

갓난아기들에게는 독특한 반사운동이 몇 가지가 있는데 그 하나에 '흡인반사(吸引反射)'라는게 있습니다. 즉 입 주변에 무엇이든 닿기만 하면 무조건 빨거나 입 속에 넣으려고 하는 동작입니다. 어쩌면 게걸

들린 습성의 잔재라고도 할 수 있을런지도 모르겠습니다.

아니 이것은 농담입니다. 차라리 태어날 때부터 지니고 있는 모성 때문이라고 해석해 두는 것이 좋겠습니다. 즉 언젠가는 애기를 태내에서 키우게 될 여자의 습성이 끊임 없이 입속에다 음식물을 옮겨놓으려고 하는 기능을 지니게 한 것이라고 하겠습니다.

그러나 정확한 원인은 생리적인 것보다도 심리적인 것에 원인이 있는 듯 합니다.

첫째로, 조리는 여성의 역할이라는 관습 때문에 음식의 맛이나 색깔, 향기 등에 대한 감각과 관심은 남성보다 여성쪽이 예민합니다. 남자들은

"음 맛이 좋군！ 제법 먹을만한데……"하면서 우적우적 먹어대기만 합니다. 무조건 물리적으로 위(胃) 속에 쑤셔넣는 경향이 있습니다만 여성들은 접시 위의 조형예술을 눈으로 즐기는 심리를 지니고 있습니

다. 내 이야기가 거짓말이라고 생각하십니까. 그렇다면 데코레이션 케이크를 자를 때의 남녀의 차이, 여성의 그 손놀림, 표정 등을 연상해 보십시오.

둘째로, 세상만사가 남자들 형편좋게 되어져 있기 때문에 아무리 해도 여성쪽이 억압심리가 강합니다. 간단히 말해서 남자들은 술을 마시거나 가라오케에 맞추어 노래를 부르거나 골프나 고스톱을 치거나 약간 바람을 피운다거나…… 여러 가지 놀이로 해방감을 맛볼 수 있지만 여성들은 그렇지 못합니다. 여러 가지로 갑갑합니다. 그래서 해방감의 하나로서 '먹는 즐거움'이 무의식적으로 발달하게 된 것입니다.

파이 전문점에 친구들과 몰려 들어가 맛있게 탐식하면서 재잘거리는 한순간이야말로 그녀들에게는 시름을 푸는 낙원이기도 합니다.

그러나 곰곰히 생각해 보면 즐기면서 먹으며, 먹으면서 즐기는——정신적인 여유를 지닐 수 있는 것은 동물 가운데 오로지 인간 뿐입니다. 그렇다면 이와 같은 행위는 고상한 취미라고 말할 수 있는 것이여서 남성들이 그러한 광경을 보고 비웃거나 하는 것은 잘못된 생각이라고 하겠습니다.

식사를 함께 하면서 예술이나 철학을 논하는 '향연(饗宴 ; Symposium)'이라는 형식을 만들어 낸 것은 서양문화의 시조라고 할 고대 그리스 사람들이었습니다. 철인 플라톤의 글에는 그러한 광경이 기품있는 필치로 묘사되어 있습니다.

숙녀 여러분 ! 주저하지 말고 턱이 지치고 아플 때까지 먹으며 이야기들을 나누십시오. 그러나 하나의 조건이 있습니다. 그것은 그 장소에 없는 다른 사람들의 뜬소문이나 험담을 이 아름다운 향연 석상에서 입에 담아서는 안된다는 말입니다.

43. 왜 여자는 독선적인 점이 많을까

여성들은 남성들보다도 매우 부드럽고 섬세(Delicacy)해야 할텐데도 뜻밖에 독선적인 사람이 많습니다. 예를 들어 옛날 시골에서 흔히 볼 수 있었던 옹달샘회의, 요즘의 아파트 단지 내의 주부들 모임 그런가 하면 각종 파티나 서클 등의 모임 —— 이런 곳에서는 남편이나 자식들에 대한 자랑을 빼놓을 수가 없습니다. 주위 사람들은 "홍 또 시작했구먼!"하고 입을 삐쭉거려도 전혀 아랑곳 하지 않습니다.

저녁 때 남편이 집에 돌아오면 마누라는

"여보, 오늘 TV에 허영심덩어리 같은 여자가 나와서 웃기더군요…. 사회자가 "아드님은 몇살입니까?"하고 물었더니 "국민학교 3학년입니다" "그럼 일요일이나 휴일에는 무엇을 하고 있습니까?"—— 했더니 "백과사전을 읽고 있습니다. 그것이 우리집 애의 취미랍니다" 이렇게 말하지 않겠어요. 내 참 기가 막혀서……그 사람 꽤나 아들자랑을 하고 싶었나봐요. 호호……호. 아이 우스워 죽겠어요"

이렇듯 혼자서 재미있어 합니다.

하루 종일 떨어져 있던 남편에게 이것저것 이야기하고 싶은 심정은 이해할 수가 있습니다만 듣는 입장에서는 TV를 보지 못했기 때문에 별로 재미있는 이야기가 되지 못합니다. 만일 즉석에서 "그것 참 재미있는 여자인데 하하……하" 하면서 맞장구를 쳐 줄 수 있는 남편이라면 만담가가 될 수 있는 소질을 충분히 갖추고 있는 사람이라고 할 수 있습니다.

미혼 여성이라고 해서 예외가 아닙니다. 며칠 전 퇴근길인 듯 싶은 한쌍의 남녀가 전철에 오르기가 무섭게 여자 쪽에서 동승한 남자들 쳐다보며

"그래서 너무너무 화가나서 내가 한마디 쏘아 붙이고 말았어요. 당

신! 날 어떻게 보느냐구요?” 여자는 주위사람이 듣건 말건 큰소리로 감정을 노출시키는 것이였습니다. 그 순간 남자의 얼굴에는 곤혹스러운 모습이 보여졌으며 주변사람을 의식하는 듯 가느다란 목소리로 “미스김이 화를 내는 것 나는 충분히 이해하겠어” 하면서 여자의 이야기를 자제시키려는 눈치였으나 여자는 마이동풍격(馬耳東風格).

예를 든다면 한이 없습니다만 여성들은 왜 이처럼 무신경적이며 자기 멋대로의 행동을 할까요?

그 근본원인은 여성들은 자기중심적인 경향이 강하다는 데 있습니다. 여성들께 오해가 없도록 부언해 둡니다만 여성들이 이기주의라고 말하는 것이 아닙니다. 오히려 그 반대라고 하겠습니다.

에고이름(Egoism)이란 자기만 좋으면 남들이야 어떻게 되든 좋다는 식인데 여기서는 자신과 타인의 구별이 지나칠 정도로 확실하게 되어 있는 것입니다. 그런데 ‘자기중심주의(Egotism)’란 ‘자신과 타인과의 경계’가 모호합니다. 그렇기 때문에 ‘자신이 그러하므로 상대편도 그럴 것이다……’라고 지레 짐작하는——이와 같은 생활태도를 말하는 것입니다.

이와 같은 사고방식은 어린이들에게 많습니다. 술래잡기를 할 때, 머리만 감추고 몸을 노출시키더라도 자기 눈에 술래만 보이지 않으면 술래도 자신을 보지 못할 것이라는 심리——이것이 그 전형이라고 하겠습니다.

추운 겨울날 아침. 아버지가 집 뜰에서 모닥불을 피우고 있는데 세 살박이 아들 녀석이 집안에서 쫓아나와 “아빠! 추워!”하고 아빠 곁으로 다가왔습니다. 이때 아버지는 자신의 손바닥으로 아들의 예쁜 손을 감싸줍니다. 얼마 후 아들은 생글생글 웃으면서 “아빠도 따뜻해졌지?”——내 손이 따뜻해졌기 때문에 아빠 손도 따뜻해 진 줄 아는 심리입니다. 호감은 가지만 사고경로는 한참 잘못된 것이죠.

그런데 이와 흡사한 잘못을 여성들이 범하기 쉽습니다. "그렇지 않아요/" 하면서 여성들께서는 반박하고 싶겠지만──사실이 그런데 어찌합니까.

"부수입이 생겼어요. 오늘 내가 한턱 낼테니까 은주랑 함께 저녁 6시까지 길건너 스넥코너로 나와요. 꼭이요/"

이렇듯 상대편의 형편도 묻지 않고 일방적으로 통고(?)해 버리는 아가씨들.

이와 같은 예는 우리 주위에서 얼마든지 찾아볼 수 있습니다. 물론 추호의 악의도 없으며 친절하고 호의적이긴 하지만 한번쯤 상대편의 입장에 서서 생각해 보는 것이 좋겠지요. 일방적인 행동이 지나치면 강요가 되기 쉬운 것입니다.

"백화점에 갔더니 너무도 값이 싸서 당신 것도 함께 사가지고 왔어요. 어때요 마음에 드시지요"

그런가 하면 장례식에서 옛 친구를 만나 "너 미숙이 아니니.／ 그동안 잘 있었어?" 하면서 호들갑을 떤다거나 합격자 이름이 써붙은 게시판 앞에서 낙방의 고배를 마시고 흐느껴우는 수험생도 아랑곳 없이 "만세.／ 만세.／"를 열창하는 여성들. 어쨌든 여성은 남의 입장, 남의 형편, 남의 감정을 참작해주는 노력을 좀 더 해야 할 것이라고 충고하고 싶습니다.

이것도 얼마 전에 있었던 일. 어느 여성잡지사의 여기자 한 분이 인터뷰 관계로 내 집에 찾아 왔습니다. 그녀는 아마도 자동차를 몸소 운전하여 이곳까지 온 모양인데 응접실에 들어서자마자 "전화 좀 빌려주세요" 하면서 전화를 걸기 시작했습니다. 여기까지 오는 도중 자동차가 고장을 일으킨 모양인데 서비스 센터에 수리를 부탁하는 것이였습니다. 통화내용을 엿들었더니 아마도 상대편 쪽에서 "그곳이 어디냐"고 물었던 것 같습니다. 그랬더니 그 여기자는 큰 목소리로

"여기가 재개발 지구로 지정되어 있는 ××동 바로 근처예요. 교통이 아주 불편한 곳이예요.／"

'이것 봐라…… 이런 몰상식한 교양을 지니고 그래도 용케 기자생활을 하는구면……' 나는 속으로 감탄(?)을 금하지 못했습니다.

44. 왜 여자는 남자를 애태우게 해 놓고 기뻐하는가

연애를 경험해 보신 남성이 있다면 내 이야기에 공감을 표시할 것으로 믿습니다만 대체로 여성들은 남성들의 간장을 태우게 하는 것을 좋아하는 경향이 있습니다.

"영자씨.／ 금년 겨울에 함께 스키장에 안가겠어요?"

"글쎄요……생각해 보지요"

공원을 산책하다가 슬그머니 어깨를 껴 안으려고 하면

"사람들이 보면 어떻게 하려고. 이런 곳에서는 곤란해요"

두 사람의 관계가 더욱 깊어져 최후의 선을 요구하게 되면

"부탁이예요……정말 그것만은 결혼할 때까지 기다려 주세요"

이렇게 살짝살짝 피해 버리는 요정(妖精).

바위 위에 서서 그녀가 방긋이 웃으면서 이쪽을 바라다보며 윙크합니다. 그 모습을 남자의 눈으로 볼 때

"여기까지 오세요/"

라는 속삭임으로 해석하고 사나이는 부푼 가슴을 안고 바위 위를 기어 오릅니다. 그랬더니 그녀는 사뿐히 몸을 날려 다음 바위로 자리를 바꿉니다. '내가 싫어서인가……' 했더니 그렇지도 않은 모양. 그녀는 또 이곳을 바라다 보며 방긋이 미소를 보냅니다 —— 여성들은 이런 식의 심리극을 연출합니다. 왜 여자들은 이러는 것일까요?

이렇게 하는 것이 여성에게는 즐겁기 때문이라는 견해도 성립됩니다. 애를 태워 초조해하는 사나이를 보고 좋아하는 악취미. 말하자면 여성들은 일종의 '마성(魔性)'을 지니고 있다는 것이 됩니다.

"여자란 어디까지가 천사이고 어디까지가 악마인지 확실히 구별하기가 힘든 존재이다"—— 이 말은 헤인리히 하이네의 말씀.

"여자는 매우 완성된 악마이다"—— 이말은 빅토르 위고의 말씀.

이 두 사람의 시인과 소설가는 '여성 악마론'을 지지하고 있습니다. 이 두 분은 아마도 젊은 시절 여성들로부터 호되게 당한 경험이 있었던 모양입니다.

그러나 이토록 나쁘게만 해석한다면 여성들이 불쌍하지 않을까요. 여성들은 태어나면서부터 '자기방어본능'이 발달되어 있으며 거기에다 수치심도 강하기 때문에 결과적으로 남자들을 초조하게 만드는 것이다 라는 변호도 성립되리라고 생각됩니다.

비난과 변호 —— 이것들은 두 가지 다 극단이라고 나는 생각합니다.

그렇다면 공평한 판정은 어느 선에서 내려져야 할까요.

　연애라는 것은 시소게임과 흡사한 데가 있습니다. 한쪽에서 열을 올리면 한쪽에선 시들해 집니다. 그래서 단념하려고 하면 상대편은 볼티지를 올립니다. 즉 '애정의 역학(力學)'이라고나 할까. 이런 것이 남녀의 심리를 지배하고 있습니다. 이 원리를 예리하게 직관적으로 꿰뚫고 있는 쪽이 바로 여성이라는 사실 —— 이것은 확실히 근거가 있는 결론입니다.

　남성들은 이 원리를 알고는 있지만 자신이 사랑에 도취하게 되면 응용이 잘 안되는 것입니다. 그만큼 남자는 단순하다고 하겠으나 보다 정확하게 표현한다면 성미가 급하기 때문입니다. 그러니까 남자들은 갖고 싶은 것이 있으면 그것을 당장 손에 넣고 싶어하는 어린애와 같은 면이 있다는 말입니다.

　다음으로는 우리가 살고 있는 사회에서는 구애를 하는 쪽이 남성이라는 관습 같은 것이 있습니다. 그래서 남자의 사랑에 불을 지필 경우 여성은 수세(守勢)의 포즈로 자극하고 유발하지 않으면 안됩니다. 그 때문에 자연히 테크닉이 복잡화하게 되며 고도화하게 된다는—— 이 점 역시도 이론(異論)이 있을 수 없는 사실입니다.

"순수해야 할 애정문제에 테크닉을 개입시키다니……"

하고 분개하는 남자가 있다면 그는 여성을 사랑할 자격이 불충분합니다. 그녀들은 대단히 진지합니다. 왜냐하면 시인 바이런도 말한 것처럼

"남자의 사랑은 그 인생의 일부이며, 여자의 사랑은 그 인생의 전부" 이기 때문에.

45. 왜 여자는 아니꼬운 사나이에게 반하는가

직장에서 흔히 볼 수 있는 일이지만—— 남자들의 눈으로 볼 때 아니꼽고 대하기도 역겨운 사나이가 의외로 여성들 사이에서 인기를 독점하는 경우가 있습니다. 예를 들어 내시(內侍)처럼 가냘픈 목소리를 내며 생긋생긋 멋적게 웃는 녀석, 더블 양복저고리 윗주머니에 야한 색깔의 손수건을 꽂고 다니는 녀석, 외제 안경테에다 다이아 반지를 끼고 향수냄새를 피우고 다니는 녀석—— 이런 녀석들을 여성들이 꽤 좋아하는 편입니다.

이와는 반대로 남자들 사이에서 "저녀석은 착한 놈이야" "저 친구 결혼하게 되면 여편네를 꽤나 소중히 여길 거야"—— 이런 사내들이 여성들로부터 외면을 당하고 있습니다. 그렇다면 그 까닭은 무엇 때문일까요?

"그러니까 여성들은 정확한 남성감식안(男性鑑識眼)을 지니고 있지 못하다는 말이야"

　라고 인기없는 남자들은 불평(？)을 늘어 놓습니다. 그런데 여성들
이 아니꼽게 생긴 사나이에게 몰려드는 것은 그 나름대로 일리가 있는
일입니다.

　남성 여러분！ 무턱대고 섭섭한 마음을 갖지 말고 그런 사내들을 세
밀하게 관찰해 보십시오.

　첫째로, 그들은 표면적으로는 여성을 존중할 줄 아는 페미니스트
(Feminist)입니다. 그들은 여성에게 대해서는 대단히 친절한 편입니다.
정녕 가려운 곳을 긁어주는 것과 같은 서비스를 합니다. 그리고 결코
여자들의 의사에 역행하는 일이 없습니다. 그 뿐만 아니라 여성의 델
리컷한 감정을 상하게 하는 말은 절대로 입에 올리지 않습니다.

　이들에 비하여 당신들은 어떠한지요. “여자인 주제에……” “여자 따
위에게……”하는 투의 조심성 없는 말을 함부로 내뱉고 있지 않습니
까? 그리고 여성들을 거리낌 없이 비판하고 있지 않는가? 여성을 에

스코트하는 데도 소홀하고……. 그러니까 당신들은 인기가 없는 거죠.

둘째로는, 그들은 여성들에게 친밀감을 느끼게 하는 기술에도 뛰어나 있습니다. 복도나 엘리베이터에서 한 번 얼굴을 마주친 여성에게는 거침없이 말을 붙입니다. 상대편이 저항감이나 혐오감을 느끼지 못하는 독특한 미소를 지니고서 말입니다……. 매끄러운 화술, 상대편의 흥미나 관심을 재빨리 꿰뚫어보고 거기에 밀착하는 교묘한 재치, 거기에다 상대편을 기분좋게 치켜세우는 술수까지 터득하고 있습니다.

"미스 최처럼 우아하고 품위있는 분에게는 통속적인 레스토랑은 걸맞지 않습니다. 며칠 전에 새로 생긴 ××호텔의 레스토랑은 미스 최와 같은 분에게는 안성맞춤이지요. 이번 토요일 저녁 식사를 제가 꼭 모시도록 하겠습니다. 그날 시간을 내어 주신다면 더 없는 영광으로 생각합니다."

어떻습니까? 이처럼 아니꼽고 매스꺼운 이 사나이의 세리프는…. 당신은 도저히 멋적고 쑥스러워 그런 말을 입에 담지 못할 것입니다.

극도로 긴장한 자세로 마치 결투 신청서를 원수 앞에 내밀듯이 음악회의 티켓을 내밀면서

"저어—— 실은 다름아니라…… 음악회의 입장권을 두 장 준비하였습니다. 제가 미스 최를 연주회에 초대하고 싶은데 어떻습니까? 시간은 토요일 오후 여섯시. 장소는 ××홀인데요……."

당신의 프로포즈는 이런 식이 아닙니까? 그러니까 여성들로부터 인기가 없단 말입니다. 당신의 긴장은 민감하게 상대편에게 감염시켜 그녀도 긴장하게 만들어 버리는 것입니다.

막상 순조롭게 당신도 데이트에까지 성공했다고 해도——그 다음 장면의 분위기 만들기에 당신은 무척 고역을 치루게 될 것입니다. 그러나 아니꼬운 녀석들은 대단히 능란한 솜씨로 여성들을 요리해 나갑니다. 여기에서 아마추어와 프로의 차이가 결정적으로 나타나는 것입

니다. 이제 납득이 가셨습니까? 이와 같은 생리를 터득하셨으면 아니
꼽게 행동하기는 어렵겠지만, 앞으로 좀 더 부드럽게 그리고 스무드하
게 여성에게 접근하도록 하는 것이 중요하다고 하겠습니다.

46. 왜 여자는 무드에 약한가

"그 까닭은 여자들은 머리가 나쁘기 때문이다"라는 견해를 가진 사
람도 있습니다. 그러나 사실은 머리가 좋고 나쁨에는 아무런 관계도
없습니다. 아무리 지능이 뛰어나다고 해도 여성들은 일반적으로 무드
에 도취되기 쉬운 성향을 지니고 있습니다. 그렇다면 왜 그럴까요.

첫째 이유로는, 남성보다 여성이 훨씬 섬세(델리컷)하다는 점을 들
지 않을 수가 없습니다. 외부로부터의 자극——즉 말, 표정, 몸짓, 소
리, 색깔 등에 대한 감수성이 매우 높은 편입니다. 따라서 자극을 섬세
하게 받아들여 미묘하게 갖가지 굴절과 음영을 지니고 반응을 나타냅
니다. 그리고 마음의 주름살도 여성쪽이 남성보다 깊고 풍부하며 진폭
도 섬세합니다.

연못에 돌을 던져 봅시다. 퐁당 하는 소리를 내며 물 속에 가라앉아
버리고 마는 것이 남자라면 돌이 수면에 닿는 순간 파문이 한없이 넓게
퍼져나가는 것이 여자들의 마음이라고 하겠습니다.

둘째로는, 여성들의 판단방식은 논리적이라기보다 오히려 감각적,
정서적이기 때문이라는 점을 지적할 수가 있습니다. 여성들은 이치나
도리로 해석하는 것이 아니라 느낌으로 받아들이는 경향, 즉 바꾸어서
말한다면 사물을 실체의 면에서가 아니라 인상(印象)의 면에서 이해하
려는 경향을 지니고 있는 것입니다. 바로 이 점을 오스트리아의 심리
학자 슈월츠는 이렇게 말하고 있습니다.

"남자는 두뇌라는 하나의 점을 중심으로 회전하는 원이지만 여자는

그렇지 않다. 여자는 두뇌 외에 자궁(子宮)이라는 중심점을 지닌 타원인 것이다"라고.

셋째로는, 앞에서 말한 것은 생리적으로도 어느 정도 뒷받침 되고 있습니다. 남자들은 누드사진, 스트립, 음담, 좀 심한 사람의 경우는 자신의 옆을 스치고 지나가는 미인을 보고서도 성적 충동을 느낍니다. 그러나 경험이 없는 여성들은 일반적으로 그런 것만으로는 흥분을 하지 않습니다. 여성은 어디까지나 '수동적'입니다. 그러나 조물주께서는 그와 같은 결함을 보완시키려고 하셨던지 여성을 감각적이고 다원적으로 만들어 놓았습니다.

예를 들어 성감대의 분포에 있어서 남자들은 집중적이지만 여성들은 분산적이며 성기 이외의 신체 여러 곳에, 그것도 상당히 많은 부분에서 성의 쾌감을 느끼도록 되어져 있습니다. 따라서 눈에 비쳐지는 것, 귀에 들리는 것, 피부에 접촉되는 것 모든 것이 융합되어 혼연한 분위기가 조성되면 도취된 기분에 사로잡히게 되는 경향이 있습니다.

넷째로는, 여성들이 무드에 약한 근본원인은 생리보다도 역시 심리에 있습니다. 여성들은 연애를 하게 되면 그 연애를 더욱 더 아름답게 꾸미려고 하는 생각을 갖게 됩니다. 가능하다면 자신이 소설이나 드라마의 주인공이 되어졌으면 하는 바램이 강하게 작용합니다.

이와 같은 심리 때문에 감미로운 음악이 흘러나오는 나이트클럽, 디럭스한 호텔의 로비, 붉은 융단이 깔린 극장이나 홀의 특별석, 야경을 만끽할 수 있는 고급 레스토랑, 일류 악단이 출연하는 살롱, 파도치는 해변가나 호젓한 고원(高原)의 캠프, 인적이 사라진 하이웨이를 자동차로 마냥 달리는 기분, 라디오로부터 흘러나오는 관능적인 리듬…… 거기에다 스피드와 스릴이 곁들여진 밀실(密室)이라는 비밀성까지 가세되어 때로는 순간적이나마 '마술의 방'이 되어지기도 합니다. 바로 사내들이 파놓은 함정이며 덫이 되는 수가 많습니다.

그래서 젊은 여성들에게 충고를 해둡니다만 이와 같은 선심공세에 그만 이성을 잃고

"아 이분이라면 어떻게 되어도 좋아……"

라는 위험한 생각을 해서는 안됩니다. 이런 분은 슬기로운 현대여성이라고 할 수 없겠지요.

다음과 같은 잠언을 마음 속에 깊이 새겨두기 바랍니다.

'세상의 호색한, 엽색꾼(Don Juan)들은 모두가 예외 없이 교묘한 무드 메이커'라는 사실을.

여성들은 연애관계에 들어가게 되면 어쨌든 사랑의 달콤한 말을 듣고 싶어하며 그 말로써 애정을 확인하려고 합니다. 샹송에도 있듯이 '들려줘요. 사랑의 말을'——그래서 돈환족들은 이말 저말 화술의 묘기를 유감없이 발휘합니다. 아이 러브 유라는 단순하고도 변화가 없는 말투는 이젠 식상(食傷)이 되고 진부해져서 보다 더 강한 변화를 추구하고 있습니다. 이들 돈환들은 "좋아합니다" "매력적입니다" "미칠듯이 예쁩니다" "당신은 나의 생명이며 나의 기쁨입니다" 등등의 대사를 마구 퍼부어 댑니다. 그리고 그들은 여러 종류의 캐치프레이즈를 준비해 두고 있습니다. 어쨌든 귓속말로 속삭이는 달콤한 대사들은 본래 밑천이 드는 것도 아니기 때문에 얼마든지 이용할 수 있는 것입니다.

돈환의 특기는 '이번 여성을 공략하는 급소는 바로 이것이다'라고 예리하게 간파하는 기술이 있습니다.

당신이 응석을 부리든지 하면은 이들은 마치 오빠처럼 다정한 목소리로

"피곤하지? 좀 쌀쌀해진 것 같군. 자 내 윗저고리를 걸쳐요"

만일 당신이 로맨스 취미의 소유자라면 그는 당신의 눈동자를 물끄러미 들여다 보다가

"당신 손은 마치 백어(白魚)처럼 너무도 아름답습니다"

이런 식으로 감동적인 말과 함께 가벼운 입맞춤을…….

당신이 좀 고자세의 타입이라면

"모든 사람들이 당신을 주목하고 있습니다. 오늘 밤 저와 데이트를 해 주셔서 정말 영광으로 생각합니다"

또한 당신이 진보파이며 행동파라면 그는 서슴치 않고

"우리 자연으로 돌아갑시다. 지금 곧장 이 차를 해변가로 달려서 내일 아침 멋진 해돋이 광경을 우리 구경합시다"

그 어느 때보다도 신중하게 생각에 잠겼다가 "○○씨, 우리 결혼합시다!"라는 이 한 마디는 모든 여성들을 가슴 벅차게 만듭니다. 이 결정적인 발언을 구태여 의심할 필요는 없습니다만——모든 여성들이여! 이 한 마디 말을 가지고 이미 결혼한 것처럼 착각했다가는 정말 큰일납니다.

그렇지만 단수가 높은 돈환들은 '결혼'이라는 자승자박적(自繩自縛

的)인 말을 절대로 사용하지 않습니다. 그들은 그 말을 사용하지 않는 대신 여성들로 하여금 그러한 무드를 느끼게 합니다. 둘이서 등산을 가게 되면 "××씨 저 아래에 내려다 보이는 붉은 빛깔의 양옥집 참으로 멋있게 보이지 않아요? 저런 집에 살고 싶어요" 백화점에 구경을 하러 간다면 가구코너에 들려 "이 침대 정말 멋있군요. ××씨는 어떤 색을 좋아하죠?"——아가씨들 정신 차려야 합니다.

"농담하지 말아요! 그런 말에 속아넘어갈 정도의 바보는 아닙니다" 이렇게 말씀하시겠습니까?——그럼 17세기 프랑스의 신랄한 인생비평가 러 로슈후코의 잠언 한마디를 선물로 드리겠습니다.

"속아 넘어가기 위한 가장 확실한 방법은 자신은 타인보다 훨씬 현명하다고 믿어버리는 때이다"

47. 왜 여자는 사랑하는 남자를 싫어하는 체 하는가

"김선생님! 당신은 좋은 사람이예요. 나는 김선생님이 좋아졌어요" 이런 말을 여성이 가볍게 입에 올릴 경우 미스터 김은 진정 그녀로부터 사랑을 받고 있다는 생각을 해서는 안됩니다. 그녀의 말을 엄밀히 분석해 볼 것 같으면 그 말은 경솔함과 다소의 모멸적인 뜻을 함축하고 있는 점입니다.

여성들이 진정 마음으로부터 사모하는 남성이 있다면 그녀가 순진한 여성일진대 '좋아합니다'라는 한마디조차 좀처럼 입에 올리기가 힘듭니다. 아니 입에 올리기는 커녕 오히려 반대로 그를 피한다는 인상을 주려고 애씁니다. 그렇다면 그 까닭은 어째서일까요?

그것이 여성 특유의 기교다!——이와 같은 해석을 한다면 그것은 잘못된 해석이라고 하겠습니다. 빠의 호스테스라든가 연애경험이 풍부한 여성이라면 일부러 순진한 체 하는 태도를 취하여 남자의 마음을 들

뜨게 하는 기교를 사용할지도 모릅니다. 카르멘이 처음에는 돈호세에게 꽃다발을 안겨 주었다가 다음에 그를 무시하는 수를 쓴 것처럼.

그러나 순진한 여성의 경우는——그것은 '기교'가 아니라 '부끄럼'인 것입니다. 미스터 A와 미스 B는 어느 그룹에서 알게 된 사이라고 합시다. 미스 B가 미스터 A와 특별한 관계가 없을 때에는 서로 농담도 하며 장난도 치면서 허물없이 지내던 사이였는데 어떠한 기회에 단순한 우정의 벽을 넘어서 이상한 이성적(異性的)인 감정을 느꼈다고 합시다.

'아 나는 결국 한 사람의 남성을 사랑하게 되었구나'

이와 같은 감동은 그녀의 가슴을 뛰놀게 만듭니다. 한편 미스터 A는 어떠할까? 미스 B가 체험하는 것과 똑같은 애절한 느낌을 과연 체험하고 있는지 알 수가 없다. 이때 미스 B는 '그분으로부터 사랑을 받고 싶다'라는 충동을 느끼게 됩니다. 그러나 그녀의 성품이 내성적일 경

우 충동에 대한 반작용도 큽니다. 그래서 이와 같은 심리 이외의 다른 측면에서는

'나의 이러한 마음을 그분이 알아 차리면 어떻게 할까……정말 부끄러운 일이야'

이와 같은 심리를 갖게 됩니다. 그래서 그 후부터는 다른 맴버들하고는 종전처럼 허물 없이 어울리지만 유독 미스터 A에게는 묘하게도 서먹서먹하게 대하게 됩니다.

한 남성에 대하여 애정을 느낀다는 것 —— 그것은 미스 B에게 있어서는 하나의 이상체험(異常體驗)이 아닐 수 없습니다. 소설이나 영화나 TV드라마에서 흔히 이성간의 사랑을 보아왔지만 스스로 자신이 이와 같은 체험을 하기는 처음입니다. 이 강렬한 진동에 그녀는 놀라고 어찌할 바를 모릅니다. 부끄러움은 미스터 A에게 대한 것인 동시에 자기 자신에 대한 것이기도 합니다. 그래서 동료인 누군가로부터

"너 혹시 미스터 A를 좋아하지 않니?"하고 질문을 하게 되면 갑자기 당황해 하거나 합니다. 그런가 하면 혼자만이 있을 때 하염 없는 공상에 잠기거나 남모르게 얼굴을 붉히는 일도 있습니다.

여자의 마음이란 이런 정도로 섬세하고 우아합니다.

"거짓말 말아요! 여자들은 남자들보다 더 뻔뻔스럽고 얼굴가죽이 두껍단 말이예요!"

이렇게 말하는 남성들도 있을 것입니다.

세상 여자들을 모두 싸잡아서 욕하는 것은 잘못된 일입니다. 여자들을 순수하게 만들어 놓지 못한 것은 모두가 남자의 탓입니다.

세상이 변했다고 해도 여심(女心)에는 아직까지 예나 다름없이 고유의 미덕을 간직하고 있는 것이 많습니다.

48. 왜 여자는 강압적인 남자에게 약한가

연애성공법의 비결은 '밀어붙이는 것'이라고 말합니다. 여러 가지 연애기법에 대하여 말들을 하고 있지만 가장 근본적인 것은 공격 정신에 있다는 주장입니다. 첫째도 미는 것, 둘째도 미는 것, 셋째도 미는 것——이렇게 과감한 공격을 계속하게 되면 결국 여성은 함락되고 마는데 그 이유는 과연 무엇 때문일까요?

헤레네 듀잇츠란 여성심리학자는 여성은 태어날 때부터 생리적으로 매저키즘(Masochism ; 이성에게 얻어맞거나 하여 성적 쾌감을 느끼는 변태성욕)의 경향이 있기 때문이라고 주장하고 있습니다.

그러나 이 말은 좀 의심스러운 점이 있습니다. 이 주장을 그대로 받아 들이고 여성에게 부딪칠 경우 사디즘(Sadism ; 가학성 음란증)적으로 나오는 것이 좋은데 "싫어! 싫어! 싫어!"하면서 거부하고 있더라도 여자는 내심 은근히 그것을 좋아하고 있는 것이다 라고 생각하는 것은 위험합니다. 여성은 그토록 변태적이 아닙니다. 원칙적 일반론으로서 여성은 '러브 미 텐더'(Love me tender)——소프트 텃치가 단연 기분에 맞는 감정적 존재인 것입니다.

보통 연애는 앞에서 언급한 것처럼 시소게임과 같은 면을 지니고 있습니다. 사나이가 정신없이 열을 올리게 되면 여자는 도망치려는 태도를 취하게 되며 그것을 보고 사나이가 체념을 하게 되면 반대로 여자 쪽에서 열을 띠게 되는 것입니다. 그것은 마치 파도가 밀려 왔다가는 다시 밀려가는 해변의 광경 같은 것입니다.

그러나 여기에 그와 같은 역학적(力學的) 밸런스를 무너뜨리는 사나이, 사나운 파도처럼 생긴 사나이가 나타나게 된다면——여자의 마음은 원칙과는 다른 움직임을 보여주게 되는 것입니다.

그러나 모든 여자들은 이 룰을 무시하는 자에 대하여 화를 내는 것입

니다.

　'뻔뻔스러운 징그러운 녀석……'

　그렇지만——계속 끈기있게 강압적으로 구애를 하게 되면 마침내 그녀는 색다른 감정에 사로 잡히게 됩니다.

　'어쩌면 저렇게도 배짱이 좋을까. 그의 정열을 당해 낼 수가 없어'

　"당신 없이는……"하는 애정의 표시는 그녀의 나르시시즘 (Narcissism ; 자만심)을 자극하며, '당신은 나에게 필요한 사람'이라는 사랑의 표현은 그녀의 매저키즘을 만족시켜 주는 것입니다. 이 정도쯤은 뭇 남성들이 상식적으로 다 알고 있겠죠? 알기 쉽게 말한다면 여성이 '밀어 붙이기'에 약한 것은 자기 스스로가 상대편을 사랑하는 것보다 상대편으로부터 적극적으로 사랑을 받는 것을 좋아하기 때문입니다.

　세르반테스는 돈키호테에게 이렇게 말을 시키고 있습니다.

"연정을 확실하게 나타내 보여주는 것은 결코 여자에게 있어서 불쾌한 것이라고는 할 수 없다. 그리고 아무리 냉정한 여자라도 자신을 흠모하는 사나이에 대하여 호감을 가슴 속 깊히 간직해 두는 법이다. '싫다／ 싫다／'라고 겸연쩍게 생각하면서도……"

그래서 썬시일도 다음과 같이 말하고 있는 것입니다.

"여자에게 대하여 용감하게 행동을 표시한 애인이 괘씸한 사내라고 낙인이 찍히는 것은 그가 그런 행동을 끝까지 계속하지 못하고 중도에서 포기한 경우일 뿐이다"

여러 남성들이여 어떻게 생각합니까？ 이제 용기가 생깁니까？ 그러나 노파심에서 한마디 충고를 해둡니다. '계속 이 방법으로 밀고 나가자'하는 분발은 삼가해 주십시오……라고.

돈키호테는 역시 돈키호테입니다. 앞을 내다보지 못하고 돌진만 하고 있다간 웃음거리만 될 뿐——실패하는 건 정한 이치이기 때문에 당신의 그러한 방식으로 전과(戰果)를 올릴 수 있는 것은 단 한가지 뿐. 그것은 성난 파도처럼 강하게 밀어 부치는 압도적인 사나이가 될 때 비로소 성공을 거둘 수가 있습니다. 예를 들자면「바람과 함께 사라지다」에 나오는 레트 버트라 같은 사나이라야 한다는 것입니다.

49. 왜 여자는 키가 작은 사나이를 싫어하는가

현대 여성들은 결혼에 대하여 매우 엄격한 조건을 내걸고 있습니다. 배우자가 될 남성은 명문 대학을 졸업한 자로서 일류 기업체에 근무하는 사람이 아니면 실격이라는 결혼관입니다. 그 뿐 아니라 그 기업체가 과연 장래성이 있는지의 여부와 심지어는 주가(株價)의 등락까지도 음미하는 여성까지 있는 실정입니다. 그리고 상대편 남자의 월수입까지 따지고 듭니다. 이 정도까지는 이해할 수 있다고 하겠으나 '자기 집의 소유'라든가 '장남이 아닌 자' 등의 조건은 참으로 수용하기가 벅찬 일입니다.

그러나 여자쪽에서도 점점 나이가 들어 20대 후반에 접어들게 되면 그 엄격했던 결혼조건도 대폭 완화되기 마련입니다만——노처녀가 되어도 포기하지 않는 조건이 하나 있는데 그것이 상대편 남자의 신장입니다.

"결혼 상대가 되려면 키가 커야 되죠. 어느 정도로 키가 커야 하냐구요? 그건 내 신장에다 하이힐 높이를 더하고 거기에다 플러스 알파가 더 얹어져야 된다는 말입니다"

미혼 여성에게 있어서는 이것만은 절대로 양보할 수 없는 조건입니다. 그렇다면 여성들은 왜 이처럼 키가 작은 사나이를 싫어할까요?

최대의 이유는, 두 사람이 함께 길을 걸어갈 때 꼴불견이라는 점입니다. 이와 같은 여성의 심리에서 강한 허영심을 생각할 수가 있습니다. 그러나 여성에게는 배우자를 선택할 경우 자신의 마음에 드는 것만으로는 안되며 주위 사람들에게 잘 보여지지 않으면 안된다는 심리가 있는 것입니다. 그런 관계로 남편이 자신보다도 키가 작아서는 '사람들의 웃음거리'가 되지 않을까 염려를 하고 있는 것입니다.

둘째로는, 여성들은 의지할 수 있는 남자. 믿음직한 남편을 원하고 있습니다. 그래서 키가 자기보다도 작은 남자를 보게 되면 어쩐지 믿음직스러움이 결여된 듯한 느낌을 갖게 되는 것입니다. 그 느낌은 나이 차(差)에 따라 각기 다른 양상을 보여주는데 20대 전반은 '그의 품에 안길 때 또는 파티에 초대 되었을 때 창피하지 않을지 몰라⋯⋯'라고 생각하게 되며, 20대 후반은 '앞으로 태어나는 애기가 키가 작으면 어떻게 하나'하고 생각합니다.

그러나 대부분의 여성들은 외양을 의식하는 경향이 짙습니다.

나는 며칠 전 귀엽게 생긴 아가씨에게 한 사람의 남성을 소개해 주었

는데 이렇다 할 반응이 없었습니다.

"이렇게 훌륭한 젊은이인데 도대체 어디가 마음에 들지 않지?"

하고 물었더니

"훌륭한 분이라는 것은 알고 있지만…… 걸음걸이가 젊은 사람처럼 느껴지지 않아요. 그분 혹시 다리가 짧지 않은지 몰라요"

그토록 긴 다리를 원한다면 차라리 아프리카에 가서 기린과 결혼하는 것이 좋지 않겠는가. 그런데 키가 작은 사나이들은 풀이 죽을 것까지는 없습니다.

"키가 작은 것이 무엇이 그리 문제가 된단 말인가? 내가 살아가는 이 모습을 보란 말이다!"

여성이 진정 동경하는 것은 이처럼 박력이 넘쳐 흐르는 남성입니다. 키는 작더라도 꼿꼿하게 등줄기를 세우고 가슴을 펴고 그 가슴 속에 자신감을 간직하고 당당하게 걸어가는 사나이 —— 적어도 사람을 볼 줄 아는 여성이라면 이와 같은 사나이에게 매력을 느끼지 않을 수가 없을 것입니다.

50. 왜 남자와 여자는 다른가

길고 긴 지상강좌도 이 장으로써 끝내려고 합니다. 그래서 최종적인 마무리로써 왜 남자와 여자는 다른 데가 있는가에 대하여 이야기 해보려고 합니다.

프랑스에 이런 한 토막의 이야기가 있습니다. 어린 여자 아이에게 종이로 포장된 초콜릿을 두 개 내어놓고 질문을 해보았습니다.

"두 개 모두 종이를 벗기면 인형 모양을 한 초콜릿이 있단다. 이쪽 것은 사내 아이고 이쪽 것은 여자 아이란다. 넌 어느 쪽을 갖겠니?"

그 아이는 잠시 생각하다가

"저는 사내 아이쪽이 좋아요"

"왜 그렇지?"

그 여자 아이는 모든 것을 다 알고 있다는 듯이 서슴치 않고

"저……초콜릿이 그것 만큼 더 붙어 있지 않겠어요?"

남자와 여자가 다르다는 '사실'에 대해서는 이처럼 어릴때부터 모든 것을 다 알고 있는 것입니다. 그러나 왜 다른가 하는 점은 꽤 어려운 문제입니다.

그리스의 대철학자 플라톤은 태고시대에는 인간이 남녀 모두가 일체 였던 것이 그 후 두 종류로 나누어지게 되었다고 함축성 있는 신화를 남겨놓고 있습니다. 덧붙여서 말한다면 섹스란 원래 라틴어로서 '분할 (分割)'을 의미합니다. 그래서 나누어진 남녀는 앞으로 영원의 그날까지 떨어져 나간 '반쪽'을 그리워하며 헤매는 운명이 되었다……라는 것입니다.

그러나 말입니다. 플라톤의 가설에 새로운 해석을 달게 되면 길고 긴 역사가 흐르는 동안 문화적, 사회적 조건의 영향을 받아 남자와 여자는 생각하는 방식, 느끼는 방식, 표현하는 방식이 변질되어 왔다는 사실입니다. 이처럼 크게 변모되리라고는 조물주도 상상하지 못했던 일. 이젠 원시의 모습은 완전히 사라진 느낌입니다.

이렇게 해서 오늘날 남자가 여자를 볼 때, 여자가 남자를 볼 때 '왜 여성은 왜 남성은?'하고 상대편의 심리와 행동에 대하여 풀지 못한 수수께끼가 발생되는 것입니다.

본인은 장장 49장(章)에 이르기까지 이 '왜'라는 의문에 대하여 해명을 시도했지만 이것들은 남자나 여자가 서로 접촉하는 단편적인 것을 포착하여 심리적인 측면에서 스케치한 것에 불과합니다. 그러나 가장 근본적인 '왜'라는 의문점은 영원한 수수께끼 속에 묻혀버릴지도 모릅니다.

　그러나 친애하는 여러분! 그것으로 족하지 않겠습니까? 이 수수께끼가 완전히 풀리게 되면 인생은 재미가 없어지는 것이 아닐까요. 남자는 여성에게 약간이나마 의아스러움을 가지며 여자는 남성에 대해 어느 정도 신비성을 지니고 있으므로 해서 서로가 상대편에게 흥미와 관심을 가지고 매력을 느끼는 것이 아닐까요? 독일의 작가 칼. F. 쿡코는 이렇게 말하고 있습니다.

　"신은 왜 남자와 여자를 창조하였을까? 그것은 완전한 인간의 개념을 우리 개인의 의식 밖에 두고자 함이다"라고.

　그리고 보니 서로 끌어 들이려는 심성을 지닌 인간을 창조한 신의 지혜는 참으로 심오한 것이라고 말하지 않을 수가 없습니다. 애써 그렇게 만들어 주셨기 때문에 우리들은 그 분의 뜻에 거역하지 말고 '견인의 법칙'에 따라 살아가도록 해야 합니다. 그렇게 한다면 이성에 대해서의 '？(의문점)'도 하나의 즐거움이 되어질 것입니다.

III

남성과 여성

Ⅲ. 남성과 여성

남녀의 성격특성

남성과 여성 사이에는 확실히 차이가 있습니다. 그 차이를 나는 50개 장(章)으로 나누어서 단편적으로 관찰해 보았습니다. 이 Ⅲ편에서는 그런 것들을 취합 정리한다는 의도도 약간 포함시켜 총괄적, 계통적으로 고찰해 보려고 생각하는 바입니다.

우선 남성과 여성은 어떻게 다른가——그 현상적인 비교부터 해보려고 합니다. 네덜란드의 심리학자이며 철학자이기도 했던 하이먼스는 1910년에 '여성의 심리'라는 책을 저술했는데 여성의 성격특성으로서 다음과 같은 것을 들고 있습니다.

① 기분이 변하기 쉽다

② 불안을 느끼기 쉽다

③ 공포심이 강하다

④ 슬픔이 지속되는 경향이 있다

⑤ 노여움이 오래 계속되지 않는다

⑥ 변화에의 욕구가 있다

⑦ 잘 웃는다

⑧ 논리성을 결여하고 있다

⑨ 추상적인 것을 싫어한다

⑩ 사물을 직관적으로 본다

⑪ 충동적이다

⑫ 광신적이다

⑬ 잔재주가 있다

⑭ 허영심이 강하다

⑮ 과장하기 쉽다

⑯ 잔인하지만 동정심도 깊다

⑰ 정직하다

⑱ 종교심을 가지고 있다

⑲ 정신적으로 약하다

⑳ 성실하고 경제적이다

㉑ 질병에 대하여 참을성이 강하다

㉒ 어릴 때 언어의 발달이 빠르다

요컨대 하이먼스는 여성은 남성과 비교하여 논리적, 추상적인 사고 능력이 뒤떨어지며 감정적인 성향을 지니고 있다고 결론을 내린 것입니다. 그의 견해는 대국적인 면에서 수긍이 간다고 하겠지만 그러나 개개의 점에 대해서는 의문의 여지가 있습니다.

가령 ⑤항의 경우 여성의 노여움은 미움이나 한(恨)이 되어 오랫동안 계속된다는 점을 지적하지 않으면 안됩니다. ⑥항의 경우도 얼핏 보기에는 여성은 변화를 좋아하지만 본질적으로는 동보다 정을 좋아하며 현상유지적, 보수적이라고 보는 것이 옳지 않을까 합니다. 그러나 ⑯항에 대한 그의 관찰은 대단히 예리하다고 말할 수 있습니다.

하이먼스 이외의 많은 심리학자들도 남녀 쌍방의 성격이나 특성에 대하여 관찰이나 조사를 진행하고 있지만 그런 것들을 감안하여 '성차(性差)'를 대략적으로 종합해 볼 것 같으면 다음과 같이 대비할 수가 있습니다.

첫째로, 남성이 주지적인데 대하여 여성은 주정적입니다.

둘째로, 남성이 능동적인데 대하여 여성은 수동적입니다. 이 두 가지 상이점에서 자아의 특성의 차이가 생깁니다.

셋째로는, 남성은 개방적이지만 여성은 폐쇄적입니다.

넷째로는, 외계에 대하여 남성은 대립적이지만 여성은 융화적입니다.

다섯째로, 대인적 자아의식은 남성은 지배적이지만 여성은 추수적(追隨的)입니다. 그리고

여섯째로, 남성은 독립적이지만 여성은 의존적입니다.

일곱째로, 남성은 우월감정을 갖기가 쉬운데 여성은 열등감정을 갖기가 쉽습니다. 끝으로

여덟째로서, 이와 같은 특성의 차이로 인하여 자아의 객관적 표현으로서의 행동은 남성이 주아적(主我的)인데 대하여 여성은 몰아적(沒我的)이며 더욱이 남성이 앙양적(昂揚的)인데 대하여 여성은 억울적(抑鬱的)인 것입니다.

물론 이상과 같은 대비는 '어느 편인가 한다면……'이라는 주석부(註釋付)가 전제되는 것입니다. 세상에는 여성적인 남자도 있으며 남성적인 여자도 있습니다. 이와 같은 개개의 케이스는 공통성 이외의 요소를 버리고 유형화하게 되면 이런 대비도 할 수 있지 않는가 하는 정도의 것입니다.

남성도(男性度) · 여성도(女性度)

그런데 '여성적인…''남성적인…'하고 언급해 왔지만 도대체 '여성다움'이라든가 '남성다움'이라는 것은 과연 무엇일까요? 우리들은 흔히 "그녀는 정말 여자다운 여성이다"라든가 "그는 아무리 생각해도 남자답지 못하다"라는 말을 합니다. 이런 표현으로도 의미는 통하긴 하지만 깊히 파고 들어가 생각해 볼 때 도대체 '여자다움''남자다움'이란 무엇인가 하는 단계에 이르면 대단히 애매한 것이 된다고 하겠습니다.

이 점에 대하여 독특한 연구방법으로 메스를 댄 사람은 캘리포니아의 스탠포드대학의 교수였던 터먼씨였습니다. 그는 1936년 '성과 성격(Sex and Personality)'이라는 제목하에 근 600페이지에 이르는 대저(大著)를 저술하였는데, 대서 특필할 만한 대목이 '성도(性度) 테스트'의 고안이라고 하겠습니다.

이 테스트에 의하여 그는 어떤 사람이 얼마 만큼 '여자다움' 또는 '남자다움'을 지니고 있는가를 양적으로 객관적으로 평가하려고 하였던 것입니다. 테스트의 문제작성에 즈음하여 그 이전에 행해진 성차연구의 성과를 충분히 참고로 하였으며 테스트를 표준화 함에 있어서는 연령, 교육력(歷), 직업, 흥미, 가정환경 등이 다른 다수의 사람들에 대해서 조직적, 계통적인 예비 테스트를 실시하였으며 그리고 동성연애자들의 추시(追試) 등도 행해졌던 것입니다.

테스트에는 A형식과 B형식이 있으며, 그 어느 것도 7개 부문으로 성립되고 있는 것입니다. 전 부문의 문제는, A형식이 456항, B형식이 454항이라는 방대한 것이었습니다. 양형식 모두가 질문과 이에 대한 수개의 해답 등이 인쇄되어 있으며 자신에게 꼭 부합되는 것에 「표」를 한다는 방식입니다. A형식의 대요를 소개한다면——

제 1 부분——어연상(語連想). 자극어가 60항 및 각 항 4개씩 반응어가 준비되어 있습니다. 피험자(被驗者)는 가장 잘 연상되는 말을 선택하여 언더라인을 긋는 방식입니다. 가령 '비(雨)'라는 글자를 보았을 때 즉각 무엇을 연상하는가. '구름''우산''날씨''습기' 등 네 가지가 표시되어 있는데 '구름'이나 '날씨'를 선택한다면 남성점(+), '우산'을 선택한다면 여성점(-), '습기'는 중성반응(○)으로서 채점에 산입하지 않는다 라는 형태로 처리합니다.

제 2 부문——인크브롯트 연상(連想). 단 로르샤하 테스트처럼 좌우상칭도 아니며 복잡하지도 않으며 별도로 게시한 것과 같은 단순한 그림입니다. 이것을 보고 순간적으로 생각나는 것은…… 하는 식입니다. 모두 18개가 있는데 그 중에서 두 개만 예로 들면

    a……남자(○) 남비(-) 컵(-) 머리(+)

    b……병(○) 우편함(-) 파이프(+) 묘비(+)

제 3 부문——지식검사. 역사, 자연과학, 생물, 문학, 기예 등의 지식의 유무를 알아보는 단문을 70항 정도 나열해 놓고 4개의 술어 중에서 바르다고 생각하는 것을 선택하도록 합니다.

마르코폴로는 유명한 〔임금(○) 철학자(-) 여행가(+) 전사(戰士)(-)〕이다.

갓난 애기는 약 〔3개월(+) 6개월(-) 12개월(-) 2년(+)〕 경에 젖을 떼게 하는 것이 좋다.

이 부문에서는 알지 못하는 문제는 남겨두고 계속 앞으로 나가게 되

어 있으며 그럴 경우 어떤 물음에 답변하지 못했는가에 따라서 남성점과 여성점이 주어지는 것이다.

제 4 부문——정서적·도덕적 태도검사. 분노, 공포, 혐오, 비애 등 그것을 느끼는 정도 또는 도덕에 대하여 그것을 나쁘다고 생각하는 정도를 4단계—— very much(대단히), much(매우), a litte(약간), none(조금도) 이렇게 답변을 구하도록 합니다. 105항 정도가 준비되어 있는데

'분노'에서는

누가 당신이 입고 있는 것에 대하여 조소(嘲笑)를 하고 있는 것을 들었을 때 ···································· vm(−) m(○) l(○) n(+)

'혐오'에서는

썩은 생선냄새 ································· vm(−) m(+) l(+) n(+)

'도덕'에서는

벌(罰)을 피하기 위해서 거짓말을 하는 것

································· vm(−) m(+) l(+) n(+)

이와 같은 식으로 하는 것입니다. 터면에 의하면 이 부문의 결과를 종합적으로 보게 되면

'분노'에서는 여성은 업무상의 트러블보다도 인간관계의 알력으로 감정을 해치기가 쉬우며 더욱이 도움을 필요로 하는 사람이 상대를 해주지 않거나 지나친 취급을 당하거나 하는 경우 분개하기가 쉽습니다.

'혐오'에 있어서는 여성쪽이 대체적으로 느끼기 쉬운 편인데 특히 남자들의 비열한 행위나 언어, 분별없는 행동에 대해서는 과민한 반응을 일으키며

'도덕'에 있어서는 이것 역시 여성쪽이 엄격한 편이며 특히 사소한 일이나 남자들에게서 공통적으로 볼 수 있는 바람직하지 못한 것들에 대해서 비난을 퍼붓기 쉬운 경향이 있습니다.

제 5 부문——흥미조사. 직업, 인물, 취미, 기호, 문서의 제목 등 94 개항에 대하여 '좋아한다'(L) '싫다'(D) '좋아하지도 싫지도 않다' (N)의 어느 한 가지를 선택하도록 합니다.

'인물'에 있어서는

큰소리로 이야기하는 사람 ……………………………L(+) D(−) N(+)

대단히 관대한 사람……………………………………L(−) D(+) N(○)

등이 있습니다.

계속하여 "만일 당신이 화가라면 다음의 어떠한 것을 그릴 것인가" 라고 질문을 제시하고 '과일''어린이''말''구름''고양이''꽃''호랑 이''배' 등을 열거한 다음 '과일'이라고 대답하면 여성점, '말'이라고 대답하면 남성점을 주는 것입니다.

똑같은 요령으로 '충분히 돈을 준비한 다음 2년 동안 여행길에 나선 다면 다음의 어떤 것을 해 보고 싶은가'라는 질문에 대하여 '아프리카 에서 사자사냥을 해 보고 싶다'(+) '웨스트민스터 사원(寺院)에서 하 루를 보내고 싶다'(−) 등의 회답이 준비되어져 있습니다.

제 6 부문——인물평가와 의견검사. 우선 저명한 사람의 이름이 28 항목 정도 열거되어 있으며 좋아하는 사람, 싫어하는 사람을 질문하고 있습니다. '레닌'(+) '나이팅게일'(−)……따위의 요령입니다. 또한 단문을 14개항 정도를 나열해 놓고 대체적으로 옳다라든가 거의 틀렸 다든가 하는 답변을 끌어 내도록 되어 있습니다. 가령 '얼굴은 그 사람 의 지능을 나타낸다'라는 명제에 대하여 옳다고 판단하면 여성점, 그 렇지 않다고 판단하면 남성점을 주는 것입니다.

제 7 부문——내향성 검사. 융의 내향성 검사와 비슷한 문제가 42 항목 정도가 나열되어 있는데 '예스' 또는 '노'로 답변하도록 되어 있 습니다.

대부분의 지인(知人)들을 좋아합니까 ……………… 예스(+) 노(○)

남으로부터 지도받는 것을 좋아합니까……………… 예스(-) 노(+)

이상과 같이 7개 부문의 점수를 플러스, 마이너스하여 득점을 산출하고 성도(性度)를 판정하는 것인데 성인의 경우는 남성의 득점은 +200에서 -100 사이에 분포하고 평균은 +52이며, 여성의 득점은 +100에서 -200 사이에 분포하며 평균은 -70이였다고 터먼씨는 말하고 있습니다. 그리고 그는 신뢰도는 제 2 와 제 7 부문이 비교적 낮으며 제 4 와 제 5 부문이 높다고 했으며 제 4 부문을 가지고 개인의 성도를 측정하게 되면 상당히 정확성을 기대할 수 있으리라는 생각을 하고 있습니다.

성도(性度)와 학력, 직업 등과의 관계

터먼의 '성도 테스트'의 득점을 여러 종류의 각도에서 검토하게 되면 흥미로운 결과가 나옵니다.

우선 득점과 신체의 여러 특징과의 관계인데 보통 어깨가 넓고 튼튼해 보이는 여성은 남성적이며, 체구가 왜소하고 엉덩이가 불룩한 남성은 여성적인 것처럼 인상을 받게 됩니다.

그러나 터먼은 그와 같은 신체 각 부분의 비율의 계산치와 성도와는 거의 관계가 없다고 말하고 있습니다. 약간 관계가 있다고 인정되고 있는 것은 키가 큰 남자는 남성성격이 강하고 몸통이 긴 남자는 여성성격이 짙다고 말하는 정도입니다.

남성이 가장 남성적 성격을 띠게 되는 것은 우리 나라의 경우 고등학교 2학년생일 때이며, 여성이 가장 남자끼를 띠는 것은 대학생 시절인 것입니다. 그 후 남성이 급경사로 여성화 되어가는 것은 터먼에 의하면 결혼연수와 높은 상관관계가 있기 때문입니다. 남편이 되어 가정을 지니고 애들을 양육하게 되면 남자는 부쩍 여성화된다는 것은 흥미로운 일이라고 하겠습니다.

교육정도와의 관계를 보게 되면 남녀 모두가 고등학교 졸업보다 대학 졸업쪽이 남성도가 높으며 특히 여자의 대학 졸업은 지속적으로 하이레벨의 남성도를 지니고 나가는 경향이 있습니다.

지능과 성도의 관계는 총 득점 면에서 보면 별로 관계가 없는 것으로 나타나고 있습니다. 그러나 제4부문의 득점만을 가지고 본다면 지능이 뛰어난 여성은 남성도가 높습니다.

학업성적과의 관계는 남성에 있어서는 성적이 좋은 자일수록 여성도가 높으며 성적이 나쁜 자일수록 남성도가 높습니다. 남자다운 남자는 공부보다도 운동에 열중한 탓으로 성적이 떨어지는 것일까? 이중에서도 지능은 우수하지만 성적이 나쁜 남자는 특히 남성적 성격이 강하며 한편 지능은 그다지 좋지 않으나 성적이 좋은 남자는 여성적 성격이 농후하다는 것은 재미있는 일입니다. 여성에 있어서는 학업성적이 좋은 사람일수록 남성도가 증가되고 있습니다.

가족구성과의 관계는 어떠한가? 상식적으로 생각하게 되면 어머니 밑에서 자란 남자아이는 여성적이 되며 남자만의 형제를 가진 여자아이는 남성적이 될 것이라고 추측이 됩니다. 그러나 조사결과에서는 어머니한테서만 양육을 받은 남자 아이는 아버지한테서만 양육을 받은 남자아이보다도 남성도가 높으며 형제라도 자매들과 함께 가족수가 많은 가정에서 자란 여자아이는 가족수가 적은 경우보다도 여성도가 높은 것으로 나타나고 있습니다.

또한 남성의 경우 기혼자라 하더라도 어린애들이 없게 되면 독신자보다 남성도가 높습니다. 그러나 하나라도 어린애가 생기게 되면 남성도는 격감하게 됩니다. 그런데 그 아이가 여자아이일 때에는 감소율은 더욱 심합니다. 어머니 쪽은 어린애가 남자이건 여자이건 별로 영향을 받지 않습니다.

직업과의 관계는 어떠한가? 특정의 직업에 종사하는 사람으로부터 독특한 성격적 특징을 발견하는 일은 우리들이 일반적으로 경험하는 일입니다. 물론 동일한 직업인 사이에도 개인차는 있습니다. 그러나 가령 의사에게는 무엇인가 공통된 타입이 있습니다.

이와 같이 우리들은 중역 타입, 관공서, 공무원의 근성, 장인기질, 정치가형, 교사연한 사람들을 느낌으로 판별할 수 있습니다.

터먼의 조사에 의한 직업별 평균득점을 높은 순서로 나열해 보게 되면 남성쪽에서는 최고가 상급기사(기술자, 건축가 등)로서 +81.2였습니다. 다음은 변호사(+62.3)—세일즈맨(+58.2)—상급실업가(은행가를 포함)(+55.7)——의사(+47.0)——하급기술자(기계공 등을 포함)(+44.8)——교사(+44.6)——사무직(+43.4)——상인(+42.9)——목공 등(+36.3)——농업(+32.9)——경찰관, 소방서원(+27.9)——편집자, 기자(+27.2)——목사(+12.7)——예술가(+8.4)로 되어 있습니다.

잠깐 생각해 볼 때 옥외에서 육체노동을 하는 남자는 남성도가 높으며 지적인 두뇌노동을 하는 남자들은 대체적으로 남성도가 낮지 않은가 하는 생각이 듭니다. 그러나 실제로는 그 반대로서 고도의 전문적 지식을 필요로 하는 직업, 다수의 사람을 조직적으로 사용하는 직종, 직계(職階)의 사람일수록 남성적 요소가 많다는 결과를 나타내고 있습니다. 종교가나 예술가에게 여성적 성격의 사람이 적지 않다는 것은 감정, 정조, 감각의 면에 관계하고 있기 때문인지도 모르겠습니다.

경찰관이 남성도가 낮다는 것은 상식에 반하는 인상을 금치 못합니다. 이 때문에 터먼의 성도 테스트는 미심쩍다, 별로 근거할 바가 못된다고 평하는 학자도 있습니다.

그러나 터먼은 경찰관의 제복이나 건장한 체격 등이 매우 남성적인 느낌을 주는 것이 아닌가 또는 강한 남성적 성격을 지닌 남자는 경찰관을 포함하여 샐러리의 좋지 않은 틀에 박힌 직장일을 피하는 것이 아닌가 하고 말하고 있습니다.

단 이것은 1930년대의 미국의 이야기라고는 하지만 만일 이러한 견해가 성립된다고 한다면 세일즈맨이 상당히 높은 남성도의 주인공이라는 것은 역시 미국적이라고 말할 수 있습니다.

여성쪽은 대학이나 고등학교의 교사가 가장 여성도가 낮은 반면 남성적 경향이 강한 편이고 다음으로는 도서관의 사서직, 간호원, 보모 등으로서 −60에서 −70정도이며, 이어서 비서, 서기, 사무원으로서 −75에서 −80정도이며, 인테리어 디자이너 및 사진가는 −76, 음악가, 음악교사는 −85, 가장 여성적 경향이 짙은 것은 재봉사, 가사사용인(가정부)인데 −101로 되어 있습니다. 기혼부인은 −80 전후로서 중간에 위치하는데 맞벌이하는 사람은 −74, 가정에 있는 사람은 −84로서 후자에 속하는 사람이 훨씬 여성적입니다.

일반적으로 직장을 그만 두고 가정에 복귀하게 되면 여성적이 되는 경향이 있는데 이 추이는 교사처럼 남성도가 높은 직업에 종사하던 사람이 그것을 그만두고 주부업에 전념하는 경우 특히 현저합니다.

성격의 차이는 선천적인 것인가?

터먼의 시도는 각 사람이 어느 정도로 남성도, 여성도를 지니고 있는가를 양적으로 측정하는 데 성공하고 있습니다. 그러나 그 점에 있어서는 탁월하다고는 하지만 이 테스트를 측정하려고 하며, 또한 측정할 수 있는 '성도'란 도대체 무엇인가 하는 근본문제는 남게 됩니다.

이야기는 다르지만 프랑스의 심리학자 비네는 시몽과 함께 1905년 지능검사를 발표했습니다. 그러나 지능이라는 것은 판단력, 추리력, 기억력 기타 대단히 복잡한 팩터(Factor)로 구성되어 있는 것입니다.

그래서 그 후 지능이란 도대체 무엇인가 하는 것이 학계의 문제가 되었습니다. 그랬더니 비네는 "지능이란 요컨대 나의 지능 테스트로 측정되는 것을 말한다"라고 말했다는 에피소드가 전해지고 있습니다. 이렇게 되니까 문제는 본말전도가 됩니다. 터먼의 남성도·여성도에도 이와 비슷한 의문을 갖지 않을 수가 없습니다.

다음으로는 이런 것은 그만두고라도 그와 같은 남성도(남성성격)나 여성도(여성성격)는 어떻게 하여 형성되는가 하는 원인의 탐구가 행해지지 않으면 안됩니다. 여성의 성격특성을 무수히 열거하며 나열해 보았댔자 '여자다움'의 본질이 이해되는 것이 아닙니다. '어떻게 하여' 그리고 '왜'라는 것이 추궁되지 않으면 안됩니다.

남성과 여성은 왜 성격특성이 다른가 라는 근본원인의 설명을 생리적인 차이에서 구하는 방법은 비교적 간단합니다.

가장 좋은 예는 제아무리 큰소리를 쳐도 스스로 애기를 낳을 수가 없다는 사실에서 여성을 '애기를 낳는 성(性)'이라고 규정하고 이 한 가지 점에서 모든 것을 해석하는 방법입니다. 즉 여성은 애기를 낳고 양육하는 것을 본성으로 하기 때문에 외부에 대하여 도전을 감행하는 것보다도 외부 압력에 대하여 수호하려고 하는 성격이 생겨나 앞에서 언급한 하이먼스가 열거한 것과 같은 특성을 소유하는 것이라고 해석합니다.

가정을 형성하고 애기를 낳고 키우며 한편 남편을 보호하는——이것은 새들의 조소본능(造巢本能)과 같은 것입니다. '연애'와 '결혼'과 '자식들과 남편의 뒷바라지'를 해주는 이 3가지가 여성의 전생명인 것이다 라는 설명이 됩니다.

그러므로 연애는 남자에게 있어서는 인생의 한 면에 지나지 않지만 여자에게 있어서는 그렇지 않으며 글자 그대로 '연애는 여자의 목숨'인 것입니다.

여자는 항쟁적이 아니라 해도 이 연애에 대하여 싸워 이기지 못하고서는, 이 곤란이나 장해를 극복하지 않고서는 행복한 결혼은 획득되지 못한다고 결의했을 경우에는 맹렬하게 분발합니다. 그리고는 남자도 미치지 못할 모험이라도 감히 해냅니다.

가정을 가진 후에도 마찬가지로 자신이 궐기하지 않으면 어린애들이나 병든 남편을 부양하지 못한다고 깨달았을 때 가장 '여자다운 여성'이라도 놀라울 정도의 용감성을 발휘하는 것입니다.

한편 수많은 여성들이 연애를 할 때에는 연인에게 의지하려는 듯한 생각을 갖고 있더라도 일단 결혼을 하게 되면 남편의 뒷바라지 하는 일을 즐겨하게 됩니다. 남편이나 자식들을 날개 속에 품고서 귀찮은 일을 도맡아 하려고 생각하는 것입니다.

그룬월드라고 하는 독일의 심리학자는 "귀찮은 일을 자진해서 하려고 하는 것은 여성의 제일의 본능이다"라고 말하였습니다.

그대신 남편이 충실하게 월급봉투를 가지고 집에 돌아오지 않으면 기분이 몹시 나빠집니다. 게중에는 월급봉투를 두툼하게 만들어 가지고 오라고 기합을 넣는 여성도 있습니다.

그 전형적인 것은 남편을 출세시키려는 생각으로 던칸왕을 죽이게 한 맥베드 부인인 것입니다. 그것은 자신이 사랑하며 의지하고 싶은 남자를 위해서라면 무엇을 부추기며 무슨일을 저지를지 모르는 여성의 허영과 강한 욕심과 잔인함의 상징인 것입니다. 따라서 이것저것 원인을 따진다면 모든 것이 여성의 생리적 조건에 뿌리를 내리고 있다……라고 설명할 수 있습니다.

이와 같은 논법으로 말한다면 여성이 수동적인 것도 역시 그와 같은 생리에서 유래되었다고 하겠습니다. 자연도태의 원리에서 말하더라도 종족의 번영을 위해서는 종자를 뿌릴 필요가 있습니다. 그러나 땅에 정착된 종자를 한꺼번에 많이 키울 수는 없습니다. 그러므로 일부다처는 생물계의 자연적 모습인 것입니다.

남성이 여성보다 바람끼가 있다고 비난받고 있지만 이것은 생리적 원인에 기인된 것이며 여성쪽이 남자보다 도덕적인 까닭이 아닙니다.

개, 고양이, 염소, 토끼 등 모든 하등동물의 암컷은 일정시기 이외에는 교미가 안되지만 수컷은 언제라도 교미가 가능합니다. 대체적으로 성기의 구조상 수컷은 자극을 받기 쉬우며 따라서 암컷보다도 억제하기가 힘듭니다. 어쨌든 이와 같은 생물적 조건에 의하여 여성은 수동적이며 '수동적 경향의 성(性)'인 관계로 요염한 자태라든가 색정 등이 자연히 나타나는 것입니다.

그리고 다른 사람들로부터 주목이 되어지는 것을 원하기 때문에 여성들은 유행을 추구하며 허영에 탐닉하게 되는 것입니다 라고.

또한 여성이 미분화적(未分化的)인 것도 생리에 기인된 것이라고 말할 수 있습니다. 나는 앞에서 여성은 자기중심적이라고 서술했지만 이것들도 미분화의 일종인 것입니다. 그리고 언어표현이나 신체표현도 그렇듯 일체화되고 있습니다.

여성들은 입으로 말하지 않고 몸짓이나 행위로 표현합니다. '눈이 입 만큼이나 말을 한다'의 기술은 여성측이 뛰어납니다. 이와 같은 미분화성은 생리적 원인에 기인하는 것으로서 성감대의 분포가 남성은 집중적이지만 여성은 분산적이라는 것, 성감곡선이 남성은 예각적인데 반하여 여성은 둔각적이며 완만하게 기복(起伏)한다는 것과 관계가 있다——라는 설명이 됩니다.

그건 그렇고……이와 같은 해석은 독자들도 느끼고 있으리라고 짐작되지만 그다지 신빙성이 있는 것이 못된다고 하겠습니다. 한 가지의 원리를 가지고 여성은 태어날 때부터 이렇거니 하고 낙인을 찍는 것은 경솔한 독단적 형이상학이라고 말하지 않을 수가 없습니다. 거기에는 가설만이 있을 뿐 뒷받침할 수 있는 증명이 결여되어 있는 것입니다.

남녀의 우열(優劣)논쟁

그런데 여성이 갖추고 있는 성격은 생득적(生得的)인 것이며, 거기에다 더욱이 여성은 태어날 때부터 어리석으며 열등하다고 주장한 사람은 저 유명한 오스트리아의 사상가 와트 와이닝거입니다. 그는 1902년 22세 때 '성(性)과 성격(Geschlecht und charakter)'이라는 책을 저술했는데 23세 때 원인불명의 자살을 하고 말았습니다.

이 책에는 "가장 저급에 속하는 남성이라도 가장 고급에 속한다고 하는 여성보다도 비교할 수 없을 만큼 무한하게 고급스럽다"라는 식의 폭언이 문장 여기저기에 산재해 있으며 마치 여성들을 욕하려고 태어난 사람처럼 생각케 하는 사상가였습니다.

그는 정신생활 중에는 막연하고도 몽롱한, 즉 불명확한 의식내용이 있다고 생각했습니다. 이것은 사고 이전의 것이며 어슴푸레한 예감 같은 것이라고 했으며 가령 남의 이야기를 듣고 그것이 틀렸다고 느끼기는 하지만 그 이유를 명확하게 말하지 못하는 경우 등을 체험하는 심적 상황이라고 했습니다. 그는 그것을 '헤니데(混一體)'라고 이름 붙였습니다. 남성은 헤니데를 한걸음 한걸음 명석하게 판명된 관념으로 이끌어 나가지만 여성들은 헤니데의 단계에 그치고 만다고 했습니다. 그런 까닭으로 여성은 사물을 논리적, 객관적으로 판단하지 못한다는 것입니다.

"여성의 사고는 '사물의 사이를 미끄러져 스치며 통과하되, 잠깐 만져보고 맛만 볼 뿐이며 정확한 것을 포착하지 못한다' 그리고 여성은 헤니데를 자신의 머리로써 명확히 하려고 하지 않고 남성이 해명해 주는 것을 기대하고 있다. 이런 식이기 때문에 여성으로부터는 절대로 천재는 나타나지 않으며 여성의 기억은 성(性)이나 그 어떠한 관계가 있는 체험 이외는 매우 약하다"고 주장하고 있습니다.

또한 여성은 물론 도덕적도 아니며 반도덕적, 부도덕(인모랄)도 아니며 무도덕(논모랄)이라고 말하고 있습니다.

이와 같은 독설(毒說)에 대하여 정면으로 반대하고 나선 저서가 여성의 심리학자 웰팅의 「성심리학에 있어서의 진리와 오류(誤謬)」(Wahrheit und Irrtum in der Geschlechter Psychologie)인 것입니다. 그녀는 이애나 대학의 교수를 역임하고 있었는데 여투사적 타입으로서 남자의 익명(翼名)으로 자주 논쟁을 벌린 사람입니다. 양자 모두가 다분히 감정적이였으며 각기 이성에 대하여 편견을 지니고 있다는 점에서 매우 흥미거리였습니다.

그녀는 이렇게 반박하고 있습니다. "여성이 논리성에 결핍되고 있다고 말했지만 가령 부부와 친구들이 연극을 보러 극장에 갔다고 합시다. 한 여배우에 대하여 남편이나 그의 친구들이 입에 침이 마르도록 칭찬을 하고 있었는데 부인만이 그녀의 결점을 지적했습니다. 그랬더니 여자는 질투심 때문에 삐뚜러진 판단을 한다는 말을 듣게 됩니다.

그런데 실상은 남자는 성적인 것에 좌우되어 판단이 편파적이므로 냉정하고 치밀하고 객관적인 평가를 내리고 있는 사람은 바로 여자쪽인 것입니다."

도대체 여성을 열등적 존재로 생각해 버리는 것은 당치도 않은 일입니다. 지능테스트나 학과시험을 실시하여 여자쪽이 좋은 성적의 데이터가 나오게 되면 "정신발달의 템포의 차이때문이다"라든가 "사전에 연습을 했기 때문이다" "교사들의 지도방법의 잘잘못에 달려 있는 것이다" "단순히 개인차 때문일 것이다" "여자들은 노력형이기 때문이다" 등등의 해석으로 어물어물 넘어가려고 합니다.

여자에게는 천재가 없다. 여자에게는 창조성이 없다고 말하지만 남녀를 비교할 경우 남성은 톱 클라스, 여성은 미들 클라스라는 개념을 가지고 우열을 논하여 여성의 걸출자를 어디까지나 '예외'로 취급한다는 것은 공평한 일이 못됩니다.

한편 여자에게는 정치적 능력이 없다고 헐뜯는 논자도 있습니다. 그러나 그것은 남성의 '지배자 의식'이 그렇게 만든 오류에 지나지 않는 것입니다.

봉건시대에는 영주는 서민을 정치적으로 무능하다고 생각해 왔지만 현대에는 남성이 여성을 그러한 식으로 간주하고 있는 것 뿐입니다. 남성은 지배자의 자리에서 물러나는 것을 두려워하여 유형무형, 직접 간접으로 여성의 사회진출을 꺼리고 있는 것입니다.

"여자는 속이 좁기 때문에 안된다" 이렇게 말하면서 물리치고 있지만 실은 남자쪽이 오히려 속이 좁습니다. 왜냐하면 남자들이 여자의 사소한 언동을 문제삼아 압박이나 간섭을 가해도 여자들은 관대하게 용서해 주기 때문입니다.

"여자들은 말이 많다"라는 말을 남자들이 흔히 하고 있지만 이런 식으로 여자들을 침묵시켜 놓고 남성지배의 비판을 봉쇄해 버리려는 속셈인 것입니다. 기독교 초기의 사도(使徒) 바울 역시도

"여자는 교회에서 잠잠하라. 저희의 말하는 것을 허락함이 없나니, 율법에 이른 것 같이 오직 복종할 것이요……"(고린도전서)라고 말하고 있습니다.

지배자들은 자신에게 결여되고 있는 점은 피지배자에게 있어서는 더더욱 결여되어 있다는 잘못된 누추심리(類推心理), 즉 '지배자 추리'가 작용하는 것입니다.

예를 들어 사내아이들이 학교에서 가장 고통스러워 하는 학과가 수학입니다. 그래서 사내 아이들은 "여자애들은 더더욱 고통스러워 하겠지……"라고 동정적으로 생각을 하게 되는 것입니다. 대철학자 칸트 역시도 이와 같은 선입관의 노예가 되어 "여자들에겐 기하학은 무리하다"라고 말하고 있습니다.

이상과 같은 갖가지 오류들은 여성의 심리나 성격의 연구를 남성들에게 시킨 결과로 인하여 생겨난 것입니다. 그들은 상당히 관점이 다른 관찰을 하고 있는 것입니다.

이탈리아의 유명한 범죄심리학자 론브로소는 여자는 남자보다 동정심이 풍부하다는 것을 강조하고 탐험여행자가 원주민 여자로부터 도움을 받은 예를 들어 "미개인들조차도 그렇다"라고 기술하고 있습니다. 그러나 그는 여행자가 남자였다는 중대한 사실을 의식하지 못했던 것입니다.

여자들은 동성에 대해서는 그다지 동정심이 깊지 못합니다. 여자 의사들은 남자 환자에 대해서는 친절하지만 여자 환자에게는 극히 사무적이며 노처녀 사감은 여자 기숙생에 대해서는 엄격하고 신랄하다——는 식으로 웰팅의 설봉(舌鋒) 역시 신랄하며 도전적인 것이였습니다.

차이는 사회에 의하여 만들어진다.

웰팅 여사의 논법에는 저으기 엉뚱한 곳도 있지만 종래 여성성격으로서 각인된 것은 '태어날 때부터'라는 생리적 또는 생물적 원인에 의하는 것이 아니라 지배——피지배라는 사회적 요인에 의한다는 것을 역설한 점은 매우 주목할만한 가치가 있습니다.

지금까지 하이먼스는 여성은 생리적으로 '모성'이라는 관점에서 근본성격은 '정동성(情動性)'에 있다고 했으며, 리프만은 이와 같은 감정흥분성은 여성의 '상처받기 쉬움'에 의한 것으로서 그것은 여성의 체격에도 나타나고 있다고 말했습니다. 그러나 어디까지가 생리적 원인에 기인되느냐 하는 것은 크게 재고의 여지가 있는 것입니다.

간단히 말해서 멘스는 여성 특유의 생리현상이지만 그것과 여성성격과 과연 관계가 있는 것일까. 프로이드와 같은 정신분석학자인 슈피겔은 관계가 있다고 생각하고 있습니다. 첫 월경이 충격이 되어 리비도(Libido ; 인간행동의 바탕이 되는 성적 욕망)가 억압되어 여성은 수동적인 성격이 된다고 주장했습니다.

그러나 이 주장은 이상한 데가 있습니다. 요즘의 여자들은 일반적으로 부모나 학교 선생님으로부터 배워왔기 때문에 큰 충격을 받지 않습니다. 여성이 수동적이 되는 것은 이와 같은 충격 때문이라는 것보다도 오히려 '사회가 그것을 요구하기 때문이다'라고 해석하는 것이 타당성이 있으리라 생각됩니다.

즉 사람들은 태어나는 순간부터 남녀가 구별되어 취급을 당하고 있는 것입니다. 우선 배내옷이 그렇습니다. 그리고 여자 아기에게는 여자다운 이름이 붙여집니다. 그 뿐 아니라 옷, 갖고 있는 물건, 말투, 행위 무엇이든지간에 '여자답게'키워지게 되는 것입니다.

국민학생 시절에는 "여자애들은 행동이 여자다워야 된다",

중학생 시절에는 "넌 여자이기 때문에 엄마 일을 도와야 한다",

고등학생 시절에는 "말괄량이가 되어서는 시집을 갈 수 없단다"

그리고 어른이 되게 되면 사회의 관습이나 법도 속에서 훈련을 받게 되는 것입니다. 즉 사회에 의하여 여성의 성격이 만들어져가는 것으로써 생리적인 조건만이 아니라 사회적 조건을 충분히 고려하지 않으면 안되는 것입니다.

똑같은 관점에서 '만들어진다'는 견해에 있어서도 정신분석학의 프로이드는 섹슈얼(Sexual)한 면을 강조하여 해석하고 있습니다. 그는 여자애들은 어릴 때 사내애들과 성기가 다른 점을 알게 되는 순간 열등감을 느끼게 됩니다. 이것이 컴플렉스(마음 속에 응어리)가 되어져 마침내 여성으로 하여금 열등의식을 갖게 하는 것이 됩니다. 어떤 경우에는 남성보다 열등한 것을 감수하고 있을 수는 없다. 오히려 남성보다 우월해야 되겠다는 감정이 마음 속에 생성되는 일도 있다고 주장하고 있습니다.

프랑스의 정신분석학자 보드앙은 그것을 다이아나 콤플렉스라고 이름을 붙였습니다. 다이아나는 로마 신화속에 나오는 여신으로서 한 손에 활을 잡고 사슴을 끌고 다니며 수렵을 하는 신인데 남자보다 우월한 독신의 여신입니다.

보드앙은 수십 명의 여자아이들을 대상으로 조사를 했더니 "사내아이로 태어났더라면 좋았을 것" 이렇게 대답한 아이가 많았다고 그의 저서에서 언급하고 있습니다. 수많은 여성들은 입으로 내어 놓고 말하지는 않더라도 어릴 때 그와 같은 소망을 가지고 자라나는 것이며 인형놀이를 즐기는 것도 페니스의 대상인 것입니다.

그러나 정말 그러한 것일까요? 반대의 데이터도 없는 것은 아닙니다. 가령 심리학자인 핫덴돌프는 남녀 1797명의 미국 어린이를 조사했지만 여자아이들이 페니스를 소유하고 싶다는 사실을 발견하지 못했다고 기술하고 있습니다.

그러나 이와 같은 조사자료를 제시하더라도 정신분석의 측에서는 "의식적인 측면에서는 갖고 싶지 않다고 하는 것은 당연한 일이지만 무의식의 차원에서는 그렇지 않다"라고 반론할 것입니다. 그런 것은 어떻든간에 현대의 우리 나라에서 보드앙과 같은 조사를 한다면 "여자로 태어나서 다행이다"라고 대답하는 여자애들이 많을런지도 모르겠습니다.

한 때 프로이드파의 기수였던 아드러는 프로이드 만큼 성(性)을 중시하지 않았습니다. 그는 여성의 성격 특성은 남성지배의 사회가 준 열등감에 의해서 만들어졌다고 주장하고 있습니다.

인류는 수천년이라는 오랜 세월 동안 남성지배, 남성우위의 사회를 지속해 왔던 것입니다. 그런 탓으로 도어의 핸들이나 문자의 기술방법이나, 모두가 오른손잡이에게 편리하도록 되어 있듯이 관습, 제도, 법률 등 모든 것이 남성에게 형편이 좋도록 만들어진 것입니다.

어린이들은 한가정에 있어서 권력을 소유하고 있는 사람은 곧 아버지라는 것을 눈으로 보면서 자라나는 것입니다. 그리고 용기, 독립, 성공, 섹스의 자유 등은 남성의 자격이나 특권인 것처럼 관념지어지게 된 것입니다.

열등감을 강요당한 여성들은 신경질, 피암시성, 변덕스러움, 질투 등 별로 아름답지 못한 성질이 자신들의 특성이라고 믿어지게 된 것입니다. 이처럼 모든 것이 사회에 의하여 그렇게 강요된 것입니다.

신(新) 프로이드파의 여성학자 호나이도 아드러와 마찬가지로 프로이드의 섹스중심의 견해에 반대하고 있습니다. 그처럼 그릇된 견해는 프로이드가 정상적인 여성이 아니라 전적으로 노이로제 환자의 여성을 분석하여 내린 결론이기 때문이고 그 이유를 그녀는 두 가지로 들고 있습니다.

하나는 환자 가운데에 남자를 지배하고 싶다, 남자처럼 마음대로 행동해 보고 싶다는 사람이 적지 않음을 보고 분석자가 이것은 '페니스 선망'의 컴플렉스를 암시하는 것이라고 무작정 받아들였으며 또 하나는 그와 같은 설명은 진상에 텃치하지 않으려고 하는 환자의 경향과 일치되어 환자가 기쁘게 받아들이는 데 기인되었다고 말했습니다.

가령 "우리집 남편은 나에게 관심도 기울이지 않으며 나를 사랑해 주지도 않습니다. 그래서 내가 히스테리를 일으키는 것은 당연한 일이 아닙니까"라고 호소하는 환자가 있다고 합시다.

분석의(分析醫)는 그녀의 사정을 충분히 듣고 나서 "당신 남편은 참으로 훌륭한 분입니다. 단지 일에 열중한 나머지 당신의 비위를 맞추어주지 못한 것 뿐입니다. 당신은 따지고 본다면 너무도 욕심쟁이입니다. 즉 당신의 성격은 자기중심의 성격이라고 진단할 수밖에 없습니다”

이런 식으로 설명을 한다면 어떻게 될까……. 환자는 한마디로 “이 돌팔이 의사녀석!”하고 분개하며 더욱 결과는 악화되고 말 것입니다.

그런 식의 말보다도 “당신의 불만은 참으로 지당합니다. 여자란 그 누구나 자신이 여자로 태어난 것을 저주스럽게 생각하고 있는 것이어서 그것을 남편에게 표시한다고 해서 조금도 그릇된 일은 아닙니다. “당신은 여성이라고 하는 ‘페니스를 지니지 못한 성(性)’을 주신 신에게 잠재적인 원한을 품고 있는 것입니다”라고 설명을 하는 것이 기분도 훨씬 편할 것이며 “정신분석학자란 역시 핵심을 찌르는 말을 한다”라는 말을 듣게 될 것입니다.

호나이는 만일 여성이 남성이 되고 싶다는 소망을 지녔다고 한다면 그것은 신체적인 조건이 아니라 사회적, 문화적 조건에 기인되는 것이라고 생각하고 이렇게 주장했습니다.

“여성이 바라는 것은 사랑이든 섹스이든 가정이든 어린이든 모두가 남성에 의하여 주어진 시대를 인간의 역사는 너무도 오랜세월 동안 걸어왔다. 그와 같은 사회환경 속에서 어느 사이엔가 여성은 의존적인 생활에 길들여진 것이다.

그러나 의존만으로의 삶은 불만을 발생시킨다. 그래서 여성은 여자라는 이유 하나 때문에 사회적으로 열등감을 느끼는 경우도 있을 것이며 이 열등감이 드물게 남성소망으로 전화되는 케이스도 있는 것이다.”

또한 그녀는 이렇게도 주장하고 있습니다.

“남성소망은 억제된 야심을 감싸는 베일이 될 때도 있다. 여성이 일이나 연구나 사업이나 연애에 있어서 다른 사람보다 뛰어나 보겠다고 생각했다고 하자. 그렇게 되면 경쟁을 하게 되며 실패를 하지 않으려고 신경도 써야 하며 질투나 긴장도 하게 된다.

그 뿐만 아니라 긴장이 고조되면 '불안감'아 생긴다. 불안감이 생기게 되면 일을 성취하려고 하는 의욕, 즉 넓은 의미에서의 야심은 억압을 받게 된다. 억압된 야심은 자기 변호의 이유를 찾는다. 이렇게 해서 '남자로 태어났으면 좋았을 것을……''여자이기 때문에 아무 것도 할 수 없다'라고 스스로 자위하게 되는 것이다."

그런데 여기에 '불안'이라는 말이 나왔는데 호나이는 이것을 중시하고 있는 것입니다.

그녀는 모든 인간의 마음에 공통으로 잠재하여 여러 가지의 불안의 근본이 되어지고 있는 원시적인 불안이 있다고 보고 이것을 '기초적 불안'이라고 이름 붙이고 있는 것입니다.

"안정된 대인관계를 보존하고 사회를 살아가기 위해서는 사람은 자신의 행동을 사회가 요구하는 형에 맞추어 나가지 않으면 안된다.

그러나 그 반면 사람들은 누구나 자신상응(自身相應)에 따라 능력을 발휘하고 싶어하는 심리를 가지고 있다. 그러나 주위에서는 그것을 압박한다. 그래서 그것들에 대하여 적의를 품게 되는 것이다. 그렇지만 이 적의는 억압되고 만다. 억압은 마침내 다른 곳으로 투사(投射)되어 주위에서는 자기에게 대하여 적의를 품고 있다고 느끼게 된다.

이렇게 해서 '적의를 간직한 세계에 대하여 아무런 도움도 없이 홀로 있다'고 하는 무력감, 고독감이 마음 속에 퍼져 나가게 된다. 사람은 좋든 싫든 불안에 사로 잡히는 것이다.

이와 같은 불안으로부터 자신을 지키려면 어떻게 하면 좋을 것인가. 사람들은 대체적으로 다음과 같은 네 가지 방법 중 그 어느 것인가를 취하게 된다.

첫째로는, 권력, 재력 등의 힘을 갖는다. 지위, 재산, 명예, 기타 여러 가지의 점에서 사람들 위에 서는 것이다.

둘째로는, 무저항으로 나간다. 방해가 되지 않도록 눈에 띠지 않도록 사람들 밑에서 도사린다.

셋째로는, 복종을 한다. 상대편의 요구대로 해준다.

넷째로는, 애정을 얻는다. 그 누군가로부터 사랑을 받게 되면 그 사람은 자신을 해치지 않을 것이며, 외부로부터 지켜주게 되는 것이다. 여성은 사회적, 문화적 조건에 제약되어 첫째의 방법을 취하는 일은 거의 없으며 다른 3가지 방법을 취하게 되는 일이 많으며 특히 네번째 방법을 무의식중에 편중하는 성향이 있다."

여성은 태어날 때부터 생리적으로 매저키즘(Masochism)의 경향이 있다고 독일의 여성심리학자 헤레네 듀잇츠가 주장한 것에 대해서는 이미 언급을 한 바가 있으나 호나이는 여성이 매저키즘적으로 보이는 것은 둘째번과 셋째번의 방법을 취한 결과라고 생각할 수 있다고 했습니다.

"매저키즘은 처음부터 성적(性的)인 현상도 아니며 여성 특유의 경향도 아니다. 또한 눈에 띠지 않도록 한다는 의존의 태도는 재차 적의(반항 하고 싶어하는 마음)를 일으키게 하여 그것이 이중으로 억압된다. 매저키즘의 이면에는 반드시 사디즘(Sadism)이 숨겨져 있다는 것을 알아야 할 것이다.

또한 여성이 인생에 있어서의 애정의 가치를 대단히 높게 평가하는 것은 네번째 방법을 취하기 때문이다. 세상 남자들은 각양각색으로 여성을 비판한다.

남자들의 사랑은 넓지만 여자들의 사랑은 깊다고들 말하기도 하는가 하면 남자의 사랑에는 육욕(肉慾)이 혼입되어 있지만 여자들의 사랑은 숭고하다고 치켜 세우거나 혹은 반대로 여자들의 사랑에는 교태가 있다고 헐뜯기도 하며 허영심이 개재되어 있다고 개탄하거나, 타산적이라고 비판하기도 한다. 이것들은 그 모두가 수동성을 유지하면서 애정 중심주의를 취하는 자세를 좁은 안목에서 결론을 내린데 지나지 않는 것이다."

호나이가 이상과 같이 소개한 것처럼 남녀의 성격 특성의 차이는 사회적, 문화적 조건에 의하여 만들어진다는 것을 강조했지만 이것을 문화인류학의 영역에서 실증했다고 주장한 것은 마가렛트 미이드인 것입니다.

그녀는 뉴기니어에 살고 있는 3개의 종족, 그밖의 생활상태를 세밀하게 관찰하며 연구하였습니다. 그 중의 한 종족인 챤브리족에 대한 것은 이미 언급한 바 있지만 그 종족에 있어서는 우리들의 사회통념에서 말한다면 남자는 여성적이며 여자는 남성적입니다.

생산(주로 어업)에 종사하며 무기를 손에 들고 싸우는 것은 여자이며 남자들은 공예품 등을 만들고 있는 것입니다. "환경이 달라지면 물건도 달라진다"는 말이 있듯이 '여성다움'도 종족에 따라서 하늘과 땅만큼이나 차이가 있는 것입니다.

예를 들어 바리섬에 살고 있는 바리인들의 경우는 여자애들은 질(膣) 부분을 가볍게 두드리며 "예쁘다!/ 예쁘다!/"하면서 자라나게 되지만 보리네시아의 마누스족의 경우는 여성의 교태는 엄격히 금지되고 있으며 허리에 두른 짧은 도롱이를 흔들기만 하여도 수치스러운 일이라고 생각했습니다.

이와 같은 실지조사를 거쳐 미드는 1935년에 유명한 "남성과 여성"이라는 책을 펴내기에 앞서 저서 "성과 기질"(Sex and Temperament) 중에서 이렇게 서술하고 있는 것입니다.

"소위 남성적 또는 여성적 특질이라고 불리는 것은 기본적인 성적(性的) 차이에서 일어나는 것이 아니라 그들이 살고 있는 사회의 문화적 조건을 반영하는 것이다"라고.

그녀는 이렇게 결론을 내렸던 것입니다.

각기의 사회에서 남녀가 지니고 있는 특질, 능력, 역할 등은 본래 그 남녀가 태어날 때부터 지니고 있는 특질이나 능력의 결과가 아니다. 그것들은 그 사회가 전통적으로 받아 이어온 문화의 형(型), 즉 남자는 이렇게 해야 한다, 여자는 이렇게 해야 한다 라는 관습에 바탕을 둔 일정의 방식을 배움으로써 그것이 남자의 것이 되어지거나 여자의 것이 되어지는 것이다.

이 주장이 옳다고 한다면 우리들 사회에 있어서의 남자다움, 여자다움도 시대와 함께 변질될 가능성이 크다고 하겠습니다. 요즘 우리 나라 여성들은 발랄하고 강해지고 있습니다.

이에 반하여 남성들은 점점 유순해지고 있는 형편이며 패기는 사라져 버리고 피곤에 지쳐있는 듯한 사람이 늘어나고 있는 것 같습니다. 거기에다 복장이나 머리형이나 태도 등에 여성화의 경향이 보여지고 있습니다. 이런 추세로 나간다면 언젠가는 '문명권 내의 챤브리화(化) 현상'이 생기지나 않을까 하는 생각마저 듭니다.

IV

애니머와 애니머스

Ⅳ. 애니머와 애니머스

남녀의 '상성(相性)'

남자나 여자가 어느 특정인에게 각별한 매력을 느껴 마음이 끌린다는 것은 참으로 이상한 현상이라고 하겠습니다. 왜 그 사람이라야만 되고 다른 사람이라면 안되는 것인지……. 눈에 보이지 않는 그 무엇에 조종되는 것 같은 알 수 없는 '만남의 운명'이라고나 할까.

이 장에서는 '끌어 당기는 정체가 무엇인가'라는 것에 대하여 고찰해 보려고 합니다.

앞서에서 와트 와이닝거의 주창을 소개했습니다만 그 주장을 이어받아 헌스 어펠밧하는 모든 사람에게는 남성성격적 요소와 여성성격적 요소가 정도의 차이는 있긴 하나 함께 갖추고 있다고 강조하면서 '성적 견인(牽引)의 법칙'(남녀가 서로 끌어당기는 법칙)이라는 것을 내세웠습니다.

즉 남성성격적 요소와 여성성격적 요소를 어느 정도의 비율로 지니고 있는 남녀라야만 가장 매력을 느끼게 되며 결합이 잘 되는가 하는

〈그림 1〉

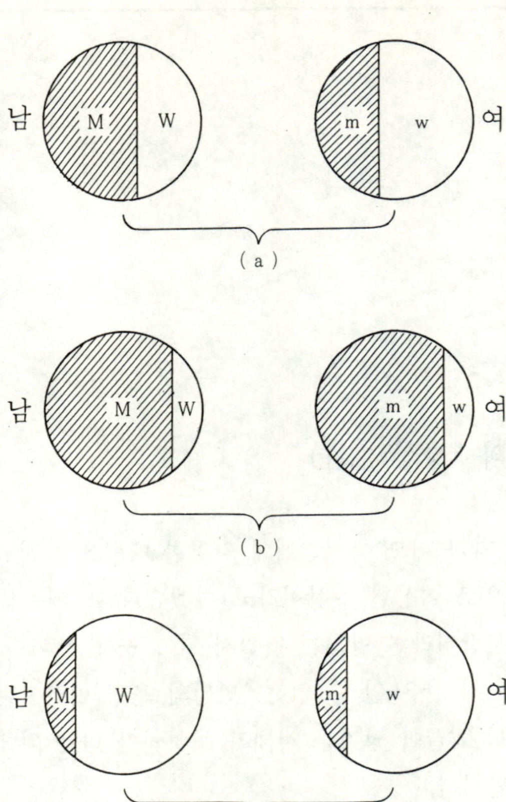

M······남성의 남성성격량

m······여성의 남성성격량

W······남성의 여성성격량

w······여성의 여성성격량

소위 '상성(相性)'에 관한 것을 심리학, 특히 성격학의 차원에서 테마로 다루었던 것입니다.

그는 이에 대한 제 1 법칙으로서 "두 인간에게 있어서의 성적 견인이 최고에 달하기 위해서는 남성에 있어서의 남성 성격량과 여성에 있어서의 남성 성격량과의 합계도 '1'이 되지 않으면 안된다"라고 했습니다. 이와 같은 말은 남성이 함유하고 있는 여성 성격량과 여성이 함유하고 있는 여성성격량과의 합계도 '1'이 되지 않으면 안된다는 것을 의미합니다.

〈그림 1〉의 (a)의 남녀는 상성이 최량(最良)이지만 (b)의 남녀는 M +m이 '1'보다 너무 크며, (c)의 남녀는 너무 작기 때문에 상성은 좋지 못하다는 결론이 됩니다.

극히 남자다운 남자와 대단히 여자다운 여자는 서로가 매력을 느끼는 율이 높을 것이다…… 어느 정도 여자다운 남자와 다소나마 남자다운 여자는 좋을 것이다…… 라고 하는 추찰(推察)은 통속적인 차원에서도 이해가 가능합니다.

그러나 그는 '남자다움''여자다움'의 양(量)의 배분이 문제가 된다고 생각하여 그것을 파고 들어가 법칙성을 발견해 내려고 했던 것입니다.

양성(兩性)의 구유(具有)

어펠밧하는 남성 내부에 있는 여성적 요소, 여성 내부에 있는 남성적 요소라는 것을 가정해 보았지만 이같은 것을 보다 깊은 차원에서 고찰한 사람이 융이였습니다.

일반적으로 정신분석학파는 인간은 본래 "양성구유(兩性具有 ; Bisexuality)"라고 생각했습니다.

원래 섹스(Sex)라는 말은 라틴어로서 '분할(分割)한다'는 뜻을 지니고 있습니다. 원래는 하나였던 것을 둘로 분할한 것이 남성과 여성인 것입니다. 그런 까닭으로 인간은 누구나 남녀양성을 아울러 지니고 있습니다. 이것은 생물적으로나 심리적으로나 틀림 없는 사실이다——라고 생각하는 것이 정신분석학파의 특징입니다.

프로이드는 동성애는 인간이 본래 지니고 있는 양성구유에 후천적 조건이 가해져서 생겨난다고 생각했습니다. 소위 오이디푸스(Oedipus)기(3세에서 6세 정도)에 어머니와의 애정적 결부가 지나치게 강하게 되면, 그것이 장해가 되어 이성애가 발달되기 어려워 동성에게 매력을 느끼게 되는 경우가 있다고 말하였습니다. 융도 역시 양성구유라고 생각했지만 그는 프로이드와는 달리 마음 속 깊은 심층에서의 잠재적 가능성으로 설명을 했습니다.

애니머(Anima) 란 무엇이고 애니머스(Animus) 란 무엇인가

융에 의하면 모든 남성에게는 여성성이, 모든 여성에게는 남성성이 마음 속 깊은 곳에 잠재되어 있다는 것입니다. 그러나 어른이 되어가는 과정에서 남성은 세상 사람들이 '남자답다'라는 성질을, 여성은 '여자답다'라는 성질을 몸에 지녀 나가지 않으면 안됩니다.

주위 환경은 남자에게는 남자다움을, 여자에게는 여자다움을 유형 무형으로, 직접 간접으로 요구하고 있기 때문입니다. 그러는 가운데 성인으로 성장하며 자아를 확립시켜 나가기 위해서는 남성에게 있어서는 '여성답다'라고 일컬어지는 성질이, 여성에게 있어서는 '남자답다'라고 일컬어지는 성질이 무의식계로 추방되어 가는 것입니다.

그러나 추방되고 억제되는 것이지 결코 말살되거나 소멸되는 것은 아닙니다. 아니 그것은 한 사람 한 사람의 개인의 무의식계보다도 더욱 깊은 인류 전체의 보편적인 무의식층에 선조로부터 전래되어 면면히 맥동하고 있는 것입니다. 그런고로 원형(原型 ; Archetype)의 일종으로 간주되어야 할 것입니다.

원형 그 자체는 의식의 세계에 나타나는 일은 없습니다. 그러나 심상(Image)으로 떠오르는 일은 있습니다. 특히 꿈 속에 나타나는 일이 있으며 이런 경우에는 이성의 모습으로 보여주는 일이 많습니다. 융은 그래서 남성에게 나타나는 여성상을 애니머(의 심상), 여성에게 나타나는 남성상을 애니머스(의 심상)로 이름 붙였습니다. ‘애니머(Anima)’ ‘애니머스(Animus)’는 둘 다 모두가 라틴어로서 ‘영혼(Soul)’ ‘정신(Spirit)’이라는 의미로서 전자는 여성형, 후자는 남성형인 것입니다.

인간은 철이 들 때부터 아니 그보다 더 이전부터 이성에 대하여 무엇인가 특별한 말로써는 표현할 수 없는, 글자 그대로 ‘한마디로 말하기 힘든’ 정동(情動)을 지니고 있는 것입니다. 그것은 어느 시대에서나 어느 나라의 사람이나 모든 사람들이 보편적으로 지니고 있는 것입니다. 이와 같은 보편적인 정동의 원점, 이성의 원형이 남성에게 있어서는 애니머, 여성에게 있어서는 애니머스라고 이름 붙여지게 된 까닭입니다.

남성은 스스로 지니고 있는 애니머적 요소를, 여성은 내재되어 있는 애니머스적 요소를 배제하면서 자아를 수립해 나갑니다. 남성이 불충분하나마 여성을 이해할 수 있게 되는 것은 남성이 애니머를 지니고 있기 때문이며, 여성이 어느 정도 남성을 이해할 수 있게 되는 것은 여성이 애니머스를 지니고 있기 때문입니다.

만일 그런 것을 전혀 지니고 있지 않다고 한다면 남녀는 서로가 정체를 알 수 없는 불가해(不可解)한 생물 이외의 아무 것도 아니며 따라서

혼을 서로 끌어 당기거나 사랑을 주고 받는 일도 있을 수가 없을 것입니다.

사랑한다는 것에 대하여 융은 말하기를 애니머나 애니머스는 실재하는 이성에게 서로 던지고 받으면서 그 이성에 대해 격렬한 연애감정을 갖게 되는 일이 있다고 그는 설파하고 있습니다. 이렇게 말하기보다 오히려 애니머나 애니머스는 통상 이성에 대한 투영이라는 형태로 체험된다고 설명하고 있습니다. 다소 속된 표현으로 말한다면 큐피드(로마 신화의 사랑의 신)의 화살 역할을 한다고 하겠습니다.

이 애니머·애니므스의 '투영'이라는 생각은 남녀의 연애심리, 그 미묘함을 해명해 나가는 데 대단히 재미있는 시사를 던져주고 있습니다.

영원의 여성상(女性像)

애니머는 한마디로 요약한다면 에로스(Eros)의 원리이기도 하며 발랄한 감정의 원리이기도 합니다. 이것이 남성에 대하여 무의식중에 긍정적 또는 부정적으로 큰 영향을 미칩니다.

긍정적으로 작용할 경우에는 인스피레이션(Inspiration)을 얻게 하거나 팬터시(Fantasy)를 그리도록 하거나 하여 창조의 원동력이 됩니다. 그래서 활기가 넘치는 생명력의 원천이 되어지는 일도 있습니다. 융은 "꽃에서 꽃으로 날아 다니면서 꿀과 사랑에 의하여 살아가는 나비와 같다"라고 형용하고 있습니다.

남성을 감수성 풍부하게 만드는 것도 정취에 충만한 기분으로 만드는 것도 애니머입니다. 남성의 무의식 속에 파묻혀 있어서 평생토록 모르고 지나갈 뻔 했던 가치있는 것에 대하여 남성으로 하여금 문득 감지할 수 있게 해 주는 것도 애니머입니다. 애니머의 리드에 따라 일상의 세계에서 색다른 가능성의 세계로 유도되어 자기를 높히는 일도 있습니다.

그러나 부정적으로 작용하는 경우에는 이상한 매력으로 남성을 몰락이나 파멸의 방향으로 끌어 들입니다. 사회적 지위를 잃게 할 뿐만 아니라 로렐라이와 같은 낙명(落命))의 늪으로 이끌어 나가는 일도 있습니다. 예상외로 큰 위험을 잠재시키고 있는데 그토록 큰 위험이 아니더라도 짖궂은 장난끼로 코케티시한 요정의 모습을 들어내거나 남성을 희롱하여 운명의 톱니바퀴를 혼란시키거나 탈선을 시키거나 합니다.

애니머는 자유분방하게 멋대로 행동하는 것을 좋아합니다. 그러기 때문에 근엄하고 올곧은 샐러리맨을 갑자기 증발시키거나 무단결근을 시켜 외국 관광여행길에 오르게 하거나 하는 식으로 주위 사람들을 놀라게 하는 엉뚱한 행동을 취하게 하는 일도 있습니다. 또는 무의식계의 가치있는 것을 깨닫게 만드는 것이 아니라 하찮은 것, 바보스러운 것에 흥미나 관심을 갖게 하는 일도 있습니다.

말하자면 애니머는 남성의 마음 깊숙한 곳에서 속삭여 오는 '영혼을 부르짖는 소리' 같은 것입니다. 그 소리는 바리톤이 아니라 소프라노입니다. 여성의 소리인 것입니다.

이 소리가 플러스로 작용할 때에는 남성적인 논리나 가치관으로 굳게 다져진 비뚤어진 삶의 세계에서 남성을 해방시켜 눈을 뜨게 하여 비상(飛翔)시킵니다. 그러나 마이너스로 작용할 때에는 애니머는 변덕스러운 면을 발휘하여 남성의 이성을 교란시키며 발목을 나꾸어 챕니다. 감미로운 무드를 자아내 도취에 빠지게 하는 일도 있습니다. 플러스, 마이너스 그 어느 쪽에 작용하든 그 힘은 극히 강하며 불가항력적이며 압도적입니다.

하나의 비유적인 이야기로서 —— 여기에 어느 회사의 기획부에 근무하는 A씨가 신사업의 프로젝트팀의 리더로 임명되었다고 합시다. 이

팀에 회사의 부침이 걸려 있으며 A씨의 책임은 매우 중대합니다. 그는 '일에 미친 놈'이 되었습니다. 그의 부인이나 애들은 "따스함도 정감도 인간미도 없어졌다"고 한탄합니다.

이와 같은 상태는 그의 애니머가 질식 직전까지 압박되고 있다는 것을 말해주고 있습니다.

이와 같은 상황에서 그는 이상한 꿈을 꾸게 됩니다. 한 사람의 여성이 나타나더니 그에게 손을 내어 밉니다. 그리고 그녀가 가리키는 저쪽편에 무지게 같은 가교(架橋)가 있습니다. "자 함께 다리 위를 걸어갑시다. 아무 걱정마세요"라고 부드럽게 격려를 합니다. 꿈에서 깨어난 그는 '그 여성이 도대체 누구일까'하면서 의아하게 생각합니다. 도무지 알 수가 없습니다. 다만 신비스러운 여성이였다는 막연한 이미지 이외에는…….

이것은 그의 애니머가 가까스로 소생하여 속삭였다는 것을 의미합니다. 꿈 속의 여성은 괴테류로 말한다면 사나이 마음 속에 파고든 '영원의 여성상'입니다.

꿈 속이 아니더라도 현실 속에서 실재의 여성이 투영되는 일도 적지 않습니다. 어느 여성이 A씨에게 말합니다. "반드시 성공하실 것입니다. 저는 그렇게 믿고 있습니다" 이 한마디가 그에게는 '여신으로부터의 계시(啓示)'처럼 들립니다. 그녀는 그의 바이탈리티와 파이트의 원천이 되어집니다. 평범한 사람들에게는 극히 보통의 여성처럼 보이지만 그의 눈에는 여신처럼 비칩니다.

그는 플랜 개발의 전사로서 분발하는 가운데 상처를 받고 피로에 지친 마음을 여신의 품에 안겨 휴식을 취할 수가 있다면……하는 등의 소망을 갖는다든지 합니다.

여신을 우러러 보는 동경의 눈초리와는 달리 형편없는 저급의 눈초리로 바라다 보는 케이스도 있습니다. 술집이나 스낵코너에서 알게 된 여성이나 회사의 신입여사원의 몸매가 이상하게도 인상에 남아 그것이 뇌리에 깊숙히 못박혀 에로틱한 공상에 사로잡히기도 합니다. 자신의 딸보다도 나이가 어려 '나이값도 못한다'고 부끄럽게 생각하기는 하지만 웬일인지 망상(妄想)을 떨쳐 버릴 수가 없습니다.

이와 같은 현상은 A씨가 오로지 일 하나만을 마음에 두고 출세코스를 한눈을 팔지 않고 달려 왔기 때문에 그의 애니머는 미숙한 단계에 머물고 있으며 이와 같은 섹슈얼애니머가 그에게 반항을 하고 있는 것입니다.

반항을 경고로 받아들여 지금까지의 생활태도를 반성하고 개선한다면 그는 한층 더 높이 성장할 수 있을 것입니다. 유혹에 지고 말았을 경우에는 말하자면 투영된 심적 에너지를 잘 '되돌아오게 하지' 못하고 오히려 끌려 들어가 버릴 때에는 전락이나 실추를 면치 못할 것입니다.

연애의 4단계

외계(外界)의 여성에 대한 투영이라는 것을 발달심리학적에서 보게 되면 최초의 단계는 어머니에게 대한 것이라고 생각됩니다. 어머니의 품에 안겨 어머니의 젖을 빨았던 체험은 기억으로써 되살리기는 불가능하지만 모든 남성의 마음 속에 일종의 '향수(鄕愁)'같은 것으로 남아 있는 것이 아닐까요. 어머니는 포근하게 감싸주는 따뜻함과 부드러움을 지니고 있는 것입니다. 젖먹이나 어린애들은 이 애정 속에 흠뻑 빠지게 되는 것입니다.

그러나 어머니에게는 자식에 대한 모진 마음이나 냉정함도 있는 것입니다. 자식들은 어머니 곁을 떠나 독립해 나가지 않으면 안됩니다.

이렇듯 어머니를 대신하여 등장하는 여성은 보통 자신보다 '약간 연상인 여성'입니다. 예를 든다면——누나의 친구로서 가끔 집에 놀러 오는 여고생, 이웃집의 예쁜 아주머니, 젊고 아름다운 담임선생……등등.

이와 같은 예비단계를 거쳐 본격적인 애니머가 출현하게 되는데 융은 이것을 4단계로 구분하여

첫째는……생물학적 단계

둘째는……로맨틱한 단계

셋째는……영적(Spiritual)인 단계

넷째는……영지(英知; Wisdom)의 단계

이렇게 그는 설명하고 있습니다.

첫째 단계는, 간단하게 말해서 어쨌든 여자라면 누구라도 상관없다는 단계입니다. 섹스에 대해서 호기심에 사로잡혀 성체험을 갖고자 초조해합니다. 어머니로부터의 분리가 빠른 속도로 이루어지기 때문에 창부 타입의 여성에게 투영되는 케이스가 많습니다.

성체험을 갖게 되면 그것을 자랑스럽게 이야기 한다거나 음담을 늘어 놓거나 하여 제법 '남자'인 체 뽐내지만 '여자'를 안다고 하기에는 너무도 미흡합니다. 그럼에도 불구하고 미경험의 순진한 친구들을 조소하거나 합니다.

'순진한 친구'의 대부분은 공부나 스포츠에 에너지를 승화시키고 있는 성실한 젊은이들이지만 그 중에서는 어머니의 이미지 혹은 시스터 애니머상의 단계에서 빠져나오지 못하는 사람도 있습니다.

이와 같은 남성들은 돈환형(好色漢型)의 양상을 띠는 일도 있습니다. 이 여자 저 여자를 편력한 엽색가처럼 보이지만 그렇다고 해서 정력이 절륜(絶倫)한 것도 아니며, 단지 어머니를 닮은 모습을 계속 찾아 충족되지 못한 상태로 여성편력을 하고 있을 뿐입니다.

당사자는 여성을 조종하며 손아귀에 넣고 함부로 주무르는 것처럼

보여지지만 심리구조로서는 어머니의 무릎 위에서 뛰놀고 있는 상태에 불과합니다.

둘째 단계는, 누구이든 상관 없다가 아니라 한 사람의 특정 여성으로 좁혀지는 것입니다. 그것도 단순히 섹스의 대상으로서가 아니라 인격적으로 존중하며 외곬로 진정한 애정을 바칩니다.

로맨틱 애니머는 서구의 소설이나 극(劇) 중에서 찾아볼 수 있습니다. 수많은 난관을 넘어 마침내 결합을 이룬다는 감동적 스토리. 갖가지 변화에 봉착하면서도 수십년 동안이나 순애로 일관한 이야기들이 있습니다.

그러나 현실세계에서는 간단하게 발견되지 않습니다. 로맨티시스트라든가 페미니스트라고 불러도 좋을 만한 남성이 현실적으로 없는 것은 아니지만 자세하게 관찰해 보게 되면 등뼈(Backbone)가 확실히 세워져 있지 못하고 오히려 연약한 센티멘틀리스트(Sentimentalist)에 가까운 예가 많습니다.

셋째 단계는, 그 전형으로서 성모 마리아를 들 수가 있습니다. 마리아는 어머니로서의 자애, 전인류에의 광대무변한 사랑, 처녀의 순결을 함께 갖추고 있습니다. 성애의 대상을 넘어서고 있는 것은 물론이지만 연애의 대상도 넘어서고 있으며 오직 순애로 가득찬 숭배의 대상과 같은 것입니다.

이렇게 되면 실재하는 여성에게 투사되는 케이스는 적어지게 됩니다. 유럽의 중세 기사도가 찬란했던 시대에 기사가 영주의 부인에게 보내는 연정은 마리아 애니머와 비슷한 것이였는지도 모릅니다. 현대에서는 그와 같은 것을 발견하기가 매우 어렵게 되었습니다.

그러나 성녀와 같은 여성에게 무상의 애정을 바치는 남성들이 전혀 없다고는 할 수가 없습니다.

넷째 단계는, 그 가장 알맞는 이미지로서 그리스 신화의 여신 아테네(Athene)를 들지 않으면 안됩니다. 아테네는 올림푸스 십이신(十二神)의 한 사람이며 대신 제우스(Zeus)와 메디스의 딸입니다. 그러나 어머니의 태내에서 출산된 것이 아니라 제우스의 이마를 도끼로 쳤더니 거기에서 투구를 쓰고 창과 방패를 든 모습으로 탄생된 것입니다.

그녀의 조각에서는 항상 무장을 한 위엄있는 젊은 여성으로서 표현되고 있습니다. 그녀의 얼굴은 대단히 늠름하고 아름답고 이지적입니다. 늠름한 것은 전투의 여신으로 숭앙되었기 때문입니다. 그러나 싸움이라고는 하지만 군신 에어리즈처럼 살벌한 전투를 좋아한 것이 아니라 부득이한 경우에 한하여 특정의 영웅이나 민족에 가세하여 전략을 가르쳐 주며 지적으로 지도를 해주었던 것입니다. 이를테면 탁월한 참모장과 같은 역할을 했습니다.

아름다운 것은 당연한 것으로서 제우스의 정처(正妻) 헤라와 아프로디테와 그녀 '세 사람 중 누가 가장 아름다운가'를 늘 다툴 정도였습니다. 이 뷰티 콘테스트가 저 트로이 전쟁의 원인이 되어진 것은 유명한 이야기입니다.

그 아름다움은 지적인 광채를 지니고 있었습니다. 그것이 당연한 것은 그녀는 무엇보다도 '지혜의 여신'이였으며 지성의 상징이었기 때문입니다.

호용무쌍(豪勇無雙)의 영웅 헤라클레스(Heracles)가 어떤 사정 때문에 열두 가지 모험여행을 성취시키고 공훈을 세우지 않으면 안되게 되었을 때 그녀는 그에게 지략을 가르쳐 주어 차례차례 난제를 해결시켜 주었습니다.

페르세우스(Perseus)가 끔찍스러운 형상 때문에 보는 자마다 돌덩이가 되는 괴물을 퇴치할 때에도 훌륭한 계략을 제공했습니다. 금모(金毛)의 양가죽을 구해오기 위하여 모험을 즐기는 영웅호걸들 50여명이 타고 갈 배를 알고스가 건조하게 되었을 때에도 그녀는 원조를 해주었습니다.

그 뿐만 아니라 인간들에게 실을 뽑는 방법, 베를 짜는 방법, 도예기술, 의술 등을 가르쳐 주었습니다. 쟁기를 발명하고 소를 부려 밭을 가는 방법을 가르쳤다고도 합니다. 그녀는 언제나 올빼미를 데리고 다녔다고 하는데 올빼미의 빛나는 큰 눈은 지혜와 사려 깊음을 나타내고 있습니다.

——이 여신 아테네에 상징되는 듯한 현숙하고 재지에 넘치고 기품이 높고 근엄하고 완성된 여성이라는 것이 제 4 의 단계입니다. 남성이 난관에 봉착하여 어찌할 바를 모르게 되었을 때 '지혜'를 빌려 주거나 아이디어나 힌트를 제공해 주는 여성입니다. 남성이 뭐가 뭔지 모르게 되었을 때 사태가 혼돈되어 앞을 내다볼 수가 없게 되었을 때 '의미'나 '의의'나 '본질'을 지시해 주는 여성입니다.

그런데 남성 독자 여러분/ 당신들은 현재 어느 단계에 도달하고 있습니까. 마리아와 같은 단계입니까? 아니면 여신 아테네와 같은 단계입니까. 아니 그게 아니라면 복고적인 세라복 차림의 '제복의 여학생'적인 단계입니까. 그렇기는 커녕 흔히 말하는 '로리터 콤플렉스'라고 한다면……그것은 성장을 기해야 할 것입니다.

연애는 요물(妖物)

이상의 4단계를 남성들은 한 계단씩 순서를 밟아 올라갑니다. 어느 계단도 뛰어넘는 일은 거의 없습니다. 그러나 4계단이라는 것은 대체적인 구분이며 실제에 있어서는 더욱 세분되어 여러 형태의 애니머가 생길 여지가 있습니다.

예를 들어 구약성서의 살로메, 그리스 신화의 트로이 전쟁의 원인이 되었던 절세의 미인 헬레네, 괴테의 "젊은 베르테르의 슬픔"의 롯데,

레오나르도 다 빈치의 "모나리자" 등등 입니다. 이것들은 어느 위치의 중간단계에 해당하는지 —— 독자 여러분의 고찰을 바랍니다.

그리고 뛰어 넘어서 진행하는 일은 없으나 중도에서 정지하거나 되돌아 가는 일은 가끔 있습니다.

'굳은 사람'으로 통하거나 '강직한 사람'으로 별명이 붙은 남성이 요부형의 육감적인 여성에게 빠졌다고 하는 예는 가끔 찾아 볼 수 있는 일입니다.

인생의 전반기를 대단히 성실하게 그리고 여성에 대해서는 지나칠 정도로 결백한 생활을 해오던 남성일수록 자칫 잘못하면 40대나 50대 후반이 되어 갑자기 '여자에게 미치는 사람'이 없지 않아 있습니다만 이것은 애니머를 발전시키지 못하고 학대해온 보응(報應)이며 빚을 갚게 되는 것이라 하겠습니다.

그런가 하면 반대로 여자문제로 떠들썩하고 말썽이 많던 남성이 30세가 지나서 자기보다 나이가 열두살 이상이나 차이가 있는 어느 청순하게 생긴 여성을 발견하고 그녀에게 열렬하게 프로포즈를 하여 결국 결혼에 성공했습니다. 이것을 본 주위사람들은 '열이 식으면 또 바람을 피우겠지……'하고 주시하고 있었는데 그는 오로지 자기 부인만을 사랑하게 되었으며 결혼 이후로는 전혀 여성관계가 끊어졌다는 예도 있습니다. 마돈나 애니머 아니면 로맨틱 애니머가 다정하게 미소를 던져준 행운의 예라고 할 수 있을 것입니다.

그러나 마돈나 애니머가 역작용을 하는 경우도 있습니다. 직업적인 여성이 있는 이상스러운 곳을 여기저기 들락거리며 성체험을 어느 정도 가지고 있는 독신 남성이 있었습니다. 돈많은 부잣집 자식이였기 때문에 혼담이 쇄도하여 결국 정숙한 양가의 딸과 결혼을 하게 되었습니다. 참으로 단아하고 깨끗한 미녀였습니다.—— 여기까지는 좋았는데 이 남성은 신혼여행 첫날 밤 성접촉에 실패한 이후 줄곧 성적 불능에 빠졌다고 하는 예도 있습니다.

이 남성에게 새로 맞이한 아내는 지금까지 경험해 보지 못한 타입의 여성이며 마치 '성녀'나 '여신'처럼 보여졌던 것입니다. 이때 이 남자는 생각하기를 '나 같은 사나이에게는 분수에 넘치는 여성이다'라는 열등의식을 갖게 된 까닭인지도 모릅니다. 개발을 게을리해 온 마돈나 애니머가 나타나 복수를 한 셈입니다.

그런가하면 남성 중에는 자칫 잘못하면 애니머에게 사로잡혀 애니머 그 자체와도 같은 사람도 없지 않아 있습니다.

이와 같은 남성은 무슨 일에 있어서나 감정적인 반응을 일으킨다거나 달콤한 감상에 빠진다거나 하여 냉혹한 현실에 도전을 하지 못하고 도피하려고 하는 경향이 있습니다. '썩은 여자와 같은 사나이'라는 평을 받는 경우도 있지만, 설사 그런 정도가 아니라도 의연한 점이나 늠름한 점이 결여된 아쉬움이 있는 것입니다. 아무래도 여성에게 인기가 없을 것이라는 것이 뻔한 일이지만 야무진 여장부 타입의 여성과 궁합이 맞는 케이스도 있습니다.

이상적인 남자인가 우상(偶像) 인가

애니머에 대해서는 이 정도로 해두고 애니머스 쪽으로 옮겨 보도록 합니다.

앞서에서 애니머는 에로스(Eros)의 원리라고 서술했습니다만 이에 대하여 애니머스는 로고스(Logos)의 원리입니다. 감정이 아니라 사고, 감성이 아니라 지성인 것입니다. 애니머는 무드를 조성(造成)하지만 애니머스는 의견을 구축합니다.

그러니까 애니머스가 여성에 대하여 무의식중에 긍정적으로 작용할 경우에는 한마디로 표현한다면 '지적인 매력을 지닌 여성'으로 높혀

줍니다. 사물에 대한 사고방식이 논리적이고 합리적이며 판단력이나 비판력에 뛰어나고 대국적인 시각을 가지며 확고한 의견을 가지고 있어 구사하는 화법이 이치가 정연하고 번간(繁簡)의 요령을 터득하고 있는——이와 같은 형편이므로 주위로부터 칭찬을 받는 여성으로 높임을 받게 됩니다.

그러나 부정적으로 작용하는 경우도 있습니다. 애니머가 남성에 있어서 로맨틱 애니머로 나타나면 좋을 텐데 심할 경우에는 에로틱 애니머로 타락되거나 설사 거기까지는 이르지 않는다고 하더라도 자칫하면 센티멘틀 애니머로 흐르기 쉽다는 것은 이미 앞에서 언급한 바가 있습니다.

애니머스가 여성에게 있어서 에로틱한 방향으로 나타나게 되는 케이스는 남성보다 훨씬 적지만 사고, 논리, 지성이 약간 미성숙하고 소화불량의 형태로 표현되는 일이 있습니다.

그렇게 되면 '이지적'이라기보다 오히려 '옹고집'처럼 보여지기도 합니다. 확실한 의견을 가지고 있는 것은 좋은 일이지만 편협되거나 완고한 일이 많습니다. 그리고 의견 그 자체가 신문, 잡지, TV, 라디오 등에서 들은 것을 옮기는 것에 불과한 것들도 있습니다. 본인은 자신의 설이라고 주장하면서 이야기하고 있지만 실제로는 '남의 것을 복사'한 경우도 있습니다.

애니머스가 주위에 실재하는 남성에게 '투영'되는 것은 애니머의 경우와 똑같습니다. 갑자기 1천 볼티지의 전류에 닿은 듯한 충격을 받고 '한눈에 반해 버리는'상태에 빠지는 일도 생길 수 있습니다.

어른들 눈으로 볼 때 멋을 부리려고 애쓰는 사나이로 밖에 보이지 않는데, 그녀에게 있어서는 극화(劇畫) 또는 애니메이션 영화의 영웅(Hero)처럼 보여져 동경의 대상이 되어집니다. 극히 평범한 남성인데도 그녀에게 있어서는 더할 나위 없는 믿음직한 백마를 탄 기사처럼 보여지는 것입니다.

후일 그의 실체가 드러나 우상에 지나지 않았다는 것을 알게 될 때 '속아 넘어갔다!'라고 성을 내거나 개탄하게 됩니다.

그러나 그것은 그가 속인 것이 아닙니다. 범인은 정확히 말하자면 그가 아니라 그녀의 마음 속에 있는 애니머스 상(像)인 것입니다. 스스로 마음 속에서 치밀어 오르는 것에 의하여 스스로 자진하여 속아넘어간 것입니다. 그것은 평범한 여성이 어느 특정의 남성을 천사처럼 생각하는 것과 똑같은 것입니다.

마음 속에서 치밀어 오르는 것은 불가항력적이며 압도적인 것입니다. 때에 따라서는 몸을 파멸에 이르게 하기도 합니다. 이 마력으로부터 도피하기 위해서는 남성에게 있어서는 애니머상, 여성에게 있어서는 애니머스상의 소행이라는 것을 깨닫는 일입니다. 다시 말하자면 명확하게 의식에 되돌아가 자각하는 것이 중요하다는 것입니다.

의식화된다면 투영은 마침내, 말하자면 되돌려질 수 있습니다. 그리고 노력함에 따라 자아 속에 통합되는 경우도 있습니다. 그렇게 되면 그 사람은 한층 높은 성장을 성취할 수 있게 됩니다. 일찍이 투영된 남성이나 친구 등 마음을 줄 수 있는 사람과 같은 상호관계를 계속하는 것도 불가능한 일은 아닙니다.

되돌려지는 상태가 어중간하고 불완전하게 되면 상대편을 증오한다거나 원망을 한다거나 하는 뒷맛이 개운치 않는 결과가 되기 쉽습니다. 애정과 증오가 반반을 차지하여 갈등을 일으키며 고민하는 상태에 빠지는 일도 있습니다.

또한 되돌려지는 일은 행하여지더라도 자아에의 통합이 이루어지지 않게 되면 여열(余熱)이 식은 다음 비슷하게 닮은 타입의 이성에게 재차, 삼차 투사가 반복되기 쉽습니다. '질리지도 않는 끈기있는 사람'이란 바로 이런 사람을 두고 하는 말입니다.

소녀의 연정(戀情)·숙녀(熟女)의 사랑

애니머스의 투영을 발달심리학적으로 볼 때 최초의 단계는 애니머의 경우가 어머니였던 것과는 대조적으로 애니머스의 경우는 아버지입니다. 그러나 그것이 차차 연상의 다감다정한 오빠와 같은 남성에게로 옮겨져 갑니다. 그런데 그 남성이 남자답다라든가, 남자답지 못하다든가 하는 것에는 관계없이 안심하고 응석을 부릴 수 있고 의지할 수 있는 사람이면 되는 것입니다.

이와 같은 예비단계를 거쳐서 진짜의 애니머스가 등장하게 되는 것입니다만 융의 부인 엠마 융은 애니머와 똑같이 4계단를 설정하고 (1)은 힘, (2)는 행위, (3)은 언어, (4)는 의미의 단계로 구분하고 있습니다.

독자 여러분이 곧바로 감지할 수 있듯이 괴테의 "파우스트"에서 따낸 것입니다. 파우스트 박사는 신약성서의 그리스어를 독일어로 번역해야겠다고 뜻을 세우고 이를 착수하였는데 '태초에 로고스(Logos)가 있었다'라는 대목에 와서 로고스를 어떻게 번역하는 것이 적절한가에 대하여 고심을 하다가 말, 의미, 힘, 행위라고 시도해 보았습니다. 바로 여기에서 힌트를 얻은 것입니다.

첫번째 단계는, 육체적인 '힘'을 느끼게 하는 남성입니다. 스포츠 선수가 그 대표적인 예가 되겠지만 그 중에서도 복싱이나 럭비, 축구 또는 야구선수들에게 동경심을 갖는 단계입니다. 오토바이의 레이서(Racer) 등도 여기에 포함됩니다. 우상적인 스타나 탤런트도 그 중에는 나긋나긋한 느낌의 사나이도 있지만 대중으로부터 인기가 있는 것은 일종의 '힘'을 느끼게 하는 것인데 바로 이 부류에 속합니다. 별로 이름이 알려지지 않은 남성이라도 보디빌딩에 열중하는 '근육의 사나이'도 여기에 들어갑니다.

두번째 단계는, 행동력에 넘치는 믿음직스러운 남성입니다. 결단력에 뛰어나며 즉시 실행하는 남성입니다. 계획한 일을 세차게 밀어부쳐 갑니다. 그리고 의지도 강하고 모든 일을 완전하게 성취시킵니다. 특히 여성에게는 부드럽게 대하며 힘있게 리드해 가는 그와 같은 이미지를 풍기는 남성입니다.

그의 리드에 따르면 틀림없다고 하는 신뢰감을 갖게 되는 남성이기도 합니다.

'믿음직스러운 분이야'하는 이미지와 '나쁜 분이야'하는 이미지가 믹스되고 있는 경우도 있습니다.

이와 같은 심상이 주위의 실재하는 남성에게 투영되는 일은 물론 있지만 공상의 세계에서의 남성에게 향하는 편이 훨씬 많습니다. 그럴 경우에는 미래에의 소망이라는 형태가 되어집니다. 미혼여성이라면 미래의 배우자로서 이러한 타입의 남성을 꿈꾸게 됩니다. 기혼여성이라면 '바람기''불륜'의 상대로서 꿈꾸게 됩니다. 그러나 그런 것을 실행에 옮기는 일은 거의 없습니다. TV드라마의 감상 정도로 끝내는 것이 대부분입니다.

그렇다고는 하지만 소위 여사원이 이 심상을 관록(貫祿)과 아울러 단맛 쓴맛 다 알고 있는 상사에게 투영하여 한 직장 내에서 사랑에 빠진다거나, 사친회나 자모회 활동에 열중한 어머니가 믿음직스럽게 생긴 남성교사나 역원에게 마음이 끌려 깊은 관계를 맺는 케이스가 없는 것은 아닙니다.

기혼여성이 남편 이외의 남성에게 매력을 느끼는 것은 남편으로부터 '믿음직스러운 애니머스상'을 발견하지 못했기 때문입니다. 이러한 불만은 날이 갈수록 쌓이게 되며 TV드라마 감상 정도로 인내해 왔던 에너지가 자꾸만 축적되어 가는 것입니다. 그래서 이에 대한 배출수단으로서 자녀에게 정열을 쏟게 됩니다. 결국 자식에게 과잉적인 기대를 걸게 되며 교육열을 발휘하기에 이릅니다.

반대로 소망이나 투영의 영역을 넘어서서 이 애니머스상에게 포로가 될 경우에는 그러한 케이스는 극히 드문 일이기는 하지만 적극적으로 아방튀르(Aventur;情事)에 몸을 던지는 여성이 되어집니다. 정사를 추구하여 불장난을 즐기며 마침내 대담하게 행동적이 됩니다. 성애도 능동적이며 공격적이 되어 애정과 섹스를 분리시킵니다. 즉 남성의 성애의 패턴을 닮아가는 것입니다.

이와 같은 여성이 선택하는 상대란 대부분 나긋나긋한 남자, 여성을 감싸주는 듯한 느낌을 주는 남자들입니다. 세상은 참으로 묘해서 과부족을 이런 식으로 공허감을 메꾸어 주는 것입니다.

세번째 단계는, 정신적으로 깊이와 높이와 넓음 등을 느끼게 해 주는 남성입니다. 저명한 소설가, 시인 등은 그 대표적인 존재입니다만 잡지나 TV나 라디오에 자주 등장하는 평론가, 각종 문화인 등도 이에 속합니다. 별로 저명하지는 못하지만 예를 들어 어느 사상가라든가 음악가라든가 향토사(鄕土史) 따위의 연구로 일생을 바치고 있는 독학(篤學)의 인사에게 존경심을 가지고 그 남성을 중심으로 구성된 연구 서클의 멤버가 되어 교제를 계속한다는 케이스도 있습니다.

서클의 종류는 학문연구에만 국한되지 않고 회화, 조각, 음악, 예도, 다도, 서도, 수예 등 다방면에 이릅니다. 어떠한 분야이건 그 주재자 또는 리더의 '정신적인 기품'에 매력을 느껴 경모하며 애모한다면 바로 이 단계로 간주되는 것입니다.

대상은 예술가는 말할 것도 없지만 목사, 종교가 좀 드물기는 하지만 대학교수가 포함되는 일도 있습니다.

네번째 단계는, 그와 같은 정신성에 추가되어 나아가서는 일상생활의 갖가지 일들, 심지어는 삶의 방법, 생활방법에 지적인 의미를 부여하여 가르쳐 주는 남성입니다. '현자'라기 보다 '노현자'라고 불리워지는 인물입니다.

이렇게 되면 주변에서 그리 쉽사리 발견할 수 없는 인물들입니다. 연로한 옛 스승이라든가 고담(枯淡)한 경지에 달한 고승 등이 이에 속하지만 매우 보기가 힘듭니다. 그래서 현실이 아니라 꿈에 나타나는 경우도 있습니다.

여성이 걱정거리를 지니고 있을 때, 무엇인가로 고민을 하고 있을 때, 앞으로의 삶의 방법을 골똘히 생각하고 있을 때 꿈속에서 흰수염에 지팡이를 든 노인을 만나거나 하는 일은 바로 그런 때문입니다. 어릴 적에 그림책에서 본 것 같은 어딘가 아버지의 모습을 닮은 듯한 그러나 그들과는 전혀 색다른 신성함, 장엄함을 갖춘 이상한 인물인 것입니다.

애니머가 4가지보다 더욱 세분될 수 있듯이 애니머스도 다채롭습니다. 그리스 신화의 헤라클레스, "폭풍의 언덕"의 히스크리프, "백경(白鯨)"의 에이허브 선장, "바람과 함께 사라지다"의 레트 버트러, 헤밍웨이의 "노인과 바다"의 노인, 미켈란젤로의 다윗상·모세상(像)……등 다채롭게 마음 속에 그려 볼 수가 있습니다.

여성독자 여러분. 당신의 애니머스상은 어느 수준에 존재하고 있는 것일까요. 고요히 명상에 잠겨 심사숙고해 보시기를…….

애니머는 '영원의 여성'이라는 식으로 단수로 등장하는 데 대하여 애니머스는 여러 사람의 남성으로서 나타나는 일이 많다고 융은 말했습니다. 이것은 남성보다 여성쪽이 기(氣)가 많다는 것이 아니라 융 부인은 남성의 애니머는 '어머니'의 심상을 모태로서 형태지어지고 있지만 여성의 애니머스는 '아버지'의 심상 뿐만이 아니라 여러 종류의 남성상이 믹스되어 있기 때문에 복수가 되어 다중적인 인격이 되어진 것이라고 주장하고 있습니다.

애니머 여성

　모든 남성이 자신의 체내에 애니머적 요소를 잠재시켜 놓은 것처럼 모든 여성의 체내에는 애니머스적 요소가 잠재해 있습니다. 그러나 대부분의.여성은 이 잠재되어 있는 것을 감지하지 못하고 있습니다. 때때로 애니머스로부터 충동을 받아 충격적인 행동을 하여 자기 스스로도 놀라거나 이상하게 생각하거나 할 정도입니다.

　여성 중에는 애니머스가 완전히 잠자고 있는 상태의 사람, 애니머스에 전혀 눈뜨지 못하고 있는 사람도 있습니다. 이와 같은 사람은 여성성(女性性), 모성이 극히 농후합니다. 감정이 풍부하며 따스함을 지니며 부드러움과 윤기를 풍부하게 지니고 있습니다. 참으로 여자다운 여성입니다.

　이런 종류의 '애니머 여성'은 남성의 눈에는 대단히 신비롭게 비쳐지는 일이 있습니다. 무엇을 생각하며 무엇을 마음에 두고 있는지 전혀 알 수 없는 불가해(不可解)한 사람으로 보여지기 때문입니다. 그지없이 그 무엇을 동경하는 듯한 눈빛, 그 어떠한 상념에 잠겨있는 듯한 얼굴 모습, 잔잔한 미소……이와 같은 여성과 부딪치게 되면 남자들은 자칫 깊은 호숫가에 서 있는 기분에 사로 잡힙니다.

　그러나 신비적이라고 느끼는 것은 실은 개성이 없는 여성이기 때문이라는 경우도 있습니다. 불가해라는 것은 원래가 공허하며 아무것도 아니기 때문이라는 뜻도 됩니다. 남자는 '공(空)'이나 '무(無)'에 대하여 신비를 느끼려고 하는 존재입니다.

　아무것도 그려져 있지 않는 흰 캔버스에 갖가지 색으로 그림을 그려 보고 싶듯이 공허 속에 이상이나 꿈이나 소망을 투입하고 멋대로 어떠한 상을 만들어 보는 것입니다.

　그런 까닭으로 여성쪽에서 보게 되면 '이렇다 할 개성도 없는 하찮은 사람'인데도 불구하고 많은 남성들의 인기를 모아 '저런 사람이 무엇 때문에 인기가 있는지 모르겠다'라고 여성들은 의아하게 생각하는 것입니다.

약간 곱상하게 생긴 미인. 항상 애매한 표정을 지으며 말 수는 적은 편이며 조심스러운 태도, 나이는 알 수 없으나 젊게 보이고 남성관계가 과거에 있는 듯 하지만 그런 느낌은 조금도 주지 않으며 처녀성을 견지하고 있는 듯한 ── 타입입니다.

이러한 여성에게는 어느 종류의 남성들은 불가항력적으로 끌리게 됩니다. 그녀가 유혹을 한 것이 아니라 남자쪽에서 스스로 도취되어 포로가 된 것입니다.

마침내 자기 혼자서 멋대로 열을 올린 것을 깨닫고 그녀곁을 떠나는 사람도 있습니다. 그러나 끝까지 짝사랑의 노예가 되는 사람도 있습니다. 사랑이 받아들여지지 않아서 고민하는 사람도 있습니다. 그러나 그녀는 남자의 사랑을 희롱하고 있는 것은 아닙니다. 당혹해 하고 있거나 사나이의 사랑을 심각하게 받아들이지 않고 있기 때문입니다.

그리고 '애니머 여성'은 남성으로 하여금 '보호해 주어야 하겠다'라는 마음을 불러 일으키게 하기도 합니다. 결혼하여 아내가 되어도 그녀는 남편에게 대항하여 자기 주장을 내세우지 않으며 남편의 비호 아래 평안하게 안주합니다. 오로지 '내조의 공'을 위하여 노력하며 남편에게 헌신적으로 봉사를 합니다.

그리고 마침내 그녀는 남편을 마치 어머니의 눈으로 보게 됩니다. 어머니처럼 뒷바라지를 해 주며 어려운 일을 도맡아 처리하다가 점점 남편의 일에 간섭하게 됩니다. 그러다가 결국 남편을 지배하기에 이릅니다. 남편의 입장에서 본다면 아내는 '젊은 제 2 의 어머니 격'이 됩니다.

즉 '애니머 여성'은 무의식중에 자신의 어머니를 닮아가기 쉬운 것입니다. 어디까지나 어머니의 역할을 되풀이하며 어머니가 하던 일을 답습하는데 결코 어머니라는 테두리를 벗어나려고는 하지 않습니다.

이와 같은 아내의 뒷받침으로 남편은 자신감을 갖게 되는 경우가 많습니다. 이렇게 되면 남편은 자기실력 이상으로 능력을 발휘하여 출세를 하기도 합니다. 그러나 반대로 능력 이상의 일을 하도록 충동질되어 과오를 범하는 일도 있습니다.

셰익스피어의 '맥베드'에 등장하는 부인은 극의 전반에서는 '남자 못지 않은 기질'로써 행동형의 인물처럼 묘사되고 있습니다. 그러나 자세하게 관찰해 보면 부인이 강고한 의지의 소유자가 되어진 것은 남편으로부터 왕위찬탈의 야망을 알게 된 다음부터였습니다.

'남편을 위해서라면, 남편의 뜻이라면……'하는 식으로 남편을 생각하는 일념(一念)이 그녀를 '철(鐵)의 여인'으로 변모시켰던 것입니다. 그리하여 남편을 질타·격려하여 대역죄로 돌진해 가도록 만들었습니다.

그러나 극의 후반에서는 양심의 가책으로 고민하다가 약한 여성으로 되돌아 갑니다. 그와 같은 의미에서 생각할 때 일견 정반대의 여성처럼 보여졌던 맥베드 부인도 내실은 애니머 여성의 한 종류로 간주되지 않을 수가 없습니다.

남편에게 자신감을 갖게 하는 것이 아니라 오히려 반대로 남편을 거세하고 스포일(Spoil)하게 만드는 경우도 있습니다. 남편에게 대한 간섭이나 지배가 지나치게 되면 그렇게 됩니다. 남편은 위대한 어머니와 같은 아내에게 사육되어 그 품 속에 매몰되어 버림으로로써 어엿한 사나이 구실을 못하게 됩니다.

지배가 아니라 봉사를 하는 '애니머 처(妻)'도 있습니다. 남편 뒷바라지를 세심하게 배려해 줍니다. 남편의 퇴근시간에 맞추어 욕탕의 물을 데워 놓는다거나 좋아하는 요리를 정성껏 준비해 둔다거나 하여 최선을 다하는 아내가 있습니다. 그러므로 남편으로서는 가정 만큼 마음 편한 곳이 없습니다. 그래서 남편은 외부에서 싸우는 것을 잊고 집안 에 틀어박히는 타성도 생깁니다. 불쌍한 남편이라고 말할런지 몰라도 아내로부터 소외당한 남자 입장에서 본다면 부럽기 한이 없는 일입니 다.

'애니머 처(妻)'가 남편에 대해 더 이상 희망을 걸 수가 없다고 판단 이 될 경우에는 자식에게 지배력을 경주하게 되는데, 최근 이와 같은 패턴이 증가되고 있는 실정입니다. 이렇게 되면 불쌍한 것이 남편보다 는 자식들입니다.

안톤 체홉이 '귀여운 여자'라는 단편소설에서 묘사한 오렌카는 남편 에 대한 봉사타입의 한 전형이었습니다. 그녀는 결코 '애니머 여성'이 라고는 할 수 없었습니다. 항상 누군가와 연애를 하지 않으면 견딜 수 없는 처녀였으며, 오동통한 얼굴 모습으로 부인들로부터 '귀여운 여 자'라는 호평을 받는 여인이였는데 그녀가 결혼을 하고 나서는 남편에 게 헌신적으로 봉사하는 완전한 '애니머 처(妻)'가 되어진 것입니다.

극장주와 결혼하자 그녀는 바지런하게 내조의 역할을 다했으며 연극 이나 연기자에 대한 조언도 남편에게 하게 되었습니다. 남편이 급사하 자 목재창고의 관리인으로부터 따뜻한 위로를 받는 가운데 그 남자를 사모하게 되어 재혼을 하게 됩니다. 재혼한 그녀는 남편의 일을 도와 목재관리에 열중하게 됩니다.

6년이라는 행복한 재혼생활도 이 남편의 죽음으로써 끝장이 나 버립 니다. 그녀는 어찌할 바를 몰라하며 비통한 시간을 보내다가 마침내 처자가 있는 수의사와 정을 통하게 됩니다.

그는 그녀와의 관계를 비밀에 부쳐 두려고 했지만 그녀는 수의사와 의 관계를 주위사람에게 털어놓아 이 사실이 결국 모든 사람에게 알려 지게 됩니다. 그러나 그녀의 입장을 잘 알고 있는 주위 사람들은 수의

사와의 관계를 탓하는 사람이 없었습니다.

얼마 후 수의사는 다른 곳으로 전근해 가버리고 그녀는 홀로 늙어갔습니다. 세월은 흐르고 흘러 수의사 직에서 물러난 그는 처자를 이끌고 세 집을 찾아 되돌아 왔습니다. 그녀는 기쁨과 즐거움으로 그들 가족을 맞이하여 수의사 아들의 뒷바라지에 온 정열을 쏟게 됩니다. 연로한 오렌카는 생기에 넘쳐 흘렀으며 옛날 뭇 사나이들이 이구동성으로 칭찬을 아끼지 않았던 그 미소가 되살아 나게 됩니다…….

독자 여러분. 당신들은 오렌카를 어떻게 생각하십니까. 자주성이 없는 여자. 남자에게 순응하며 살아가는 여자. 여러 가지로 평을 하시겠지만 그녀를 사랑스럽게, 가엾게, 서글프게 그러나 나무랄 수만 없다고 생각하는 분은 없으신지요.

이래도 한평생 저래도 한평생. 행복한 일생이란 도대체 무엇일까요.

애니머스 여성

'애니머 여성'과는 반대의 '애니머스 여성'도 있습니다. 애니머스를 자각하고 있을 뿐만이 아니라 오히려 애니머스에 얽매어 있다고 말하는 것이 적절한 여성입니다. 자기의 심층을 예리하게 분석하고 응시하여 자신에게 애니머스적인 요소가 있다는 것을 인식하며 자각한다는 것이 아닙니다. 본인은 별로 자각하지 않는 상태에서 애니머스 그것이 되어지고 있다든가 애니머스적 요소에 전면적으로 얽매어 있는 듯한 여성입니다.

이와 같은 여성은 당연히 남자 못지 않는 기질을 소유하고 있습니다. 이런 여성에게는 결단력, 실행력이 있으며 더욱이 통솔력이나 조직력이 있는 경우도 있습니다. 그런 것은 어쨌든간에 사물을 생각하는 방법이 논리적입니다. 감정에 흐른다는 것은 당치도 않는 일입니다.

명석한 논리를 좋아하며 합리성을 존중하며 불명료한 것, 애매한 것, 비합리적인 것을 싫어합니다.

따라서 회의나 토론회 석상에서는 논리정연하게 자기주장을 개진하여 반대주장을 설파하고 뭇 사나이들을 쩔쩔매게 합니다. 참으로 훌륭한 모습이지만 자칫 잘못하면 이론 일변도에 흐르거나 논리만을 앞세우게 되어 현실을 무시하거나 현실과 동떨어진 주장을 펴게 되는 경우도 없지 않아 있습니다.

또 자기주장과 반대주장, 논리와 현실의 절충을 도모하려고 하지 않고 타협을 배제한 나머지 대화가 경직되는 경우도 있습니다.

결혼을 마다하고 한평생 자립하여 살아가는 사람도 적지 않지만 결혼을 했을 경우, 좋게 말하면 이지적인 아내, 나쁘게 말한다면 이유만 캐는 아내가 되기 쉽습니다. 그러므로 논리에 약한 사나이, 자신감이 박약한 사나이들은 '애니머스 여성'을 좋아하지 않고 아내로 맞이하려고 하지 않습니다.

그러나 진보적인 사나이라면 믿음직스러운 아내라고 생각하게 됩니다. 그녀는 남편에게 대하여 타고난 훌륭한 판단력을 발휘하여 최량의 의논상대 혹은 둘도 없는 '전우'가 되어질 것입니다. 그녀도 결혼 후 직장을 가지고 그것도 애기를 갖게 될 때까지라는 조건부가 아니라 본격적인 직업인이 되어 일과 가정의 양립을 도모하는 것입니다.

남편이 평범한 남자라면 이러쿵 저러쿵 요구사항도 많아 좀 다루기가 곤란한 아내일지도 모릅니다. 그 뿐만이 아니라 세상의 관례나 관습에 반항적인 태도를 취합니다. 또한 시어머니나 친척에 대해서도 자기주장이 강하며 가사를 돌보는 것을 싫어하며 애기조차도 갖기를 원치 않는 경우도 있습니다.

여하튼 발랄하고 시원한 '애니머스 여성'에게는 그 나름대로의 매력이 있습니다.

어느 작가는 말하기를 "그리스 신화 가운데 비너스를 빼고 가장 매력있는 여신은 아르테미스(Artemis) 일 것이다"라고 표현하고 있습니다. 그리고 그는 다음과 같이 묘사하고 있습니다.

"아르테미스는 아폴론(Apollon)을 그대로 여자로 만든 것과 같은 신이다. 지구상의 맹수들은 모두 이 여신의 부하들이다. 그러나 이 여신의 자태는 결코 거칠거나 건장한 여인이 아니다. 오히려 작은 몸집에 가느다란 몸매를 지녔으며 손발도 예쁘고 신비로운 미모를 소유했지만 비너스처럼 '여자다움'이 없고 유방도 작다.

그런데 마음에 들지 않은 자에게는 조금도 거리낌없이 잔혹한 짓을 한다. 자신이 목욕을 하고 있는 것을 엿본 사나이에게 물을 퍼붓고 즉석에서 사슴으로 변신시킨 일도 있다. 목욕하는 모습을 슬쩍 훔쳐 보기만 해도 그토록 노여움을 발하는 것이다. 만일 손목이라도 잡는 날에는 어떠한 변을 당할지도 모른다"

그리고 그 작가는 이렇게 계속하고 있습니다. "이런 여자에게 반하게 된다면 사나이는 틀림없이 참담한 치욕을 받게 되고야 말 것이다. 그러나 사나이 중에 우둔한 남자일수록 이런 위험한 여성에게 반하기 쉽다"

남성 여러분. 이와 같이 간악한 여우에게 홀리지 않으려면 주의가 필요합니다.

그러나 아무리 굳굳한 애니머스 여성에게도 뜻밖의 약점은 있게 마련입니다. 그녀는 남성적인 면을 항상 발휘하고 있기 때문에 그녀의 내부에 잠재해 있는 '여성성'은 발달되지 못한 상태에 머물고 있는 경향이 많습니다. 이때문에 퍼블릭(Public)하고 포멀(Formal)한 생활면에서는 절대로 나타내지 않지만 프라이비트한 그것도 비밀에 하는 생활면에서 미숙하거나 저속한 여성성을 노출시키는 일이 없는 것도 아닙니다.

이지적인 여성인데도 그녀의 취미에 맞지 않는 사나이에게 걸려들어 이 사나이에 대해서만은 기묘하게 순종하는 일이 있는데 그것이 한 예라고 하겠습니다. 이와 같은 것은 극단적인 예에 속한다고 하더라도 퇴근길에 거나하게 술에 취하여 집에 돌아온 남편에게 다른 사람이라고 의심할 정도로 여자다운 심성으로 변모하여 남편을 받든다는 케이스는 그리 신기한 일이 아닙니다.

세익스피어는 햄릿에게 "약한자여 너의 이름은 여자다"라는 대사를 토(吐)하게 했지만 여자란 약한 것은 고사하고 대단히 강한 존재입니다. 그 대사의 번역은 옳지 않으며 '프레일티(Frailty)'는 정확히 말해서는 '무른사람' '약한사람'을 말함인데 특히 섹스에 대해 무르다는 것을 말한 것입니다.

여성에 있어서의 앞으로의 과제

오늘날 '애니머스 여성'은 증가 일로에 있습니다. 고학력화는 여성 쪽이 남성을 능가할지도 모르는 상황인데 이에 수반하여 여성의 사회진출은 왕성하며 여성의 사회적 지위는 상승되고 있습니다. 여성으로서 관리직, 요직, 중요 포스트에 오르는 사람도 계속 증가하고 있는 실정입니다.

이렇게 되면 '애니머스 여성'이 불어나는 것은 당연한 일로써 이런 경향은 장차 더욱 더 현저하게 나타날 것입니다.

법률상으로 남녀가 동권(同權)일 뿐만 아니라 경제나 사회나 정치 등 여러 면에 있어 남자와 여자가 실질적으로 평등하며, 대등하며 기회균등으로 똑같은 대우를 받는다는 것은 참으로 기쁜 일이 아닐 수 없습니다. 이들의 완전실현을 구현시키기 위해 남자와 여자는 손을 맞잡고 매진해 나가지 않으면 안됩니다.

그러나 이 전진의 과정에서 여성측에 약간의 문제점이 없는 것은 아닙니다. 그것은 생애를 '애니머스 여성'으로서 일관하여 살아오다가 어느 연령에 이르러 문득 자신의 인생을 되돌아 보았을 때 그녀는 충분한 만족감을 느낄 수 있는 것일까 하는 소위 '인생론'적인 문제인 것입니다.

표면상이 아니라 본심에 돌아가 "나의 삶에 후회하지 않는다！ 이 삶을 계속 지속해 온 것을 다행으로 생각한다"라고 생각한다면 그것은 더할 나위 없는 일이라고 하겠습니다. 그러나 한 번 밖에 없는 인생살이에 있어서 애니머적인 요소를 배제하고 살아온 것에 대하여 일말의 고독함 또는 어떤 종류의 응어리진 것을 느꼈다고 한다면……. 그러고서도 그녀는 행복했다고 말할 수 있을런지…….

더욱이 "인생의 목적은 행복을 얻는 것만이 아니다"라는 반론에 부딪힌다면 이것은 다른 차원의 이야기가 되지만…….

한편 '여자'라는 것에만 매어 달린 '애니머 여성'에게도 문제는 있습니다. 오로지 남편에게만 시중을 들며 봉사하는 가운데 남편을 길들여 가르치며 아이들을 귀염둥이처럼 애완(愛玩)하면서 '아내의 자리'에 안주합니다. 세월이 흘러 아이들이 결혼하고 집을 떠나게 되면 그만 보람을 상실하고 매미가 벗어버린 껍질처럼 되어져 버리거나 무료하게 그날그날을 보내며 무위도식합니다.

이것도 그녀가 만족해 한다면 좋습니다. '나는 하나의 여자로서 아내로서 어머니로서 충분히 살아왔다. 이제 앞으로는 편안하게 여생을……' 이와 같은 담담한 심정이라면 그것은 그 나름대로 좋은 일입니다.

그러나 자녀들이 집을 떠났을 때 불현듯 무엇인가에 눈을 뜨고 지나간 삶을 되돌아보고 깜짝 놀라 초조감에 사로잡힐 경우에는 그것은 하나의 위기가 되는 것입니다.

'지금까지 살아온 내 인생이란 도대체 무엇인가"하는 근본적인 의문을 품게 되면 그것은 심각한 문제가 아닐 수 없습니다. 그런데 요즘 이와 같은 가정주부들이 부쩍 늘고 있는 것입니다. 특히 아들이 결혼했을 때와 남편이 정년퇴직했을 때 흔히 나타나는 현상입니다.

눈을 뜬 가정주부들은 무위, 안일, 무위도식을 거부합니다. 갑자기 자기실현을 추구하게 됩니다. 그녀는 이렇게 부르짖습니다. "집안에 틀어박혀 있다니 이젠 신물이 날 지경이다. 더 이상 참을 수가 없단 말야. 이런 식으로는 시대에 뒤떨어질 수밖엔……. 나는 사회에 뛰쳐 나가고 싶다. 그리고 무엇인가 의의가 있는 일을 하고 싶다"

이 울적한 개운치 않은 기분을 남편이 경청하고 '의의가 있는'방향 탐색에 협조해야 할 것인데도 우리 나라 남편족들은 사태의 중대성을 인식하지 못하고 등한시해 버린다거나 그런 문제로부터 도피하거나 합니다. 그래서 부인들은 초조해 하거나 답답함을 이기지 못합니다. 소위 '자기실현증후군(自己實現症候群)'을 나타냅니다.

남편의 정년퇴직을 계기로 이혼을 요구하는 케이스도 있습니다. 남편은 느닷없는 이혼제의에 대경실색합니다. '외도 한 번 안하고 오로지 일벌레처럼 일만 하다가 지금 겨우 적으나마 퇴직금을 받아쥔 판국에 위로의 말은 커녕 어떻게 그런 말을 할 수 있을까……!"하고 자신의 귀를 의심합니다. 그러나 아내는 당혹하고 어이없어 하는 남편을 보면 볼수록 더욱 초조감을 감추지 못하고 탄식을 합니다.

"정말로 당신이야말로 내 기분을 몰라주는 양반이구료. 당신이 그런 사람이기 때문에 더욱 정나미가 떨어진단 말이예요"

여성의 애니머스화는 시대적인 추세입니다. 아니 그래야 될 것이며 그것이 시대의 요청일지도 모릅니다. 그러나 애니머스를 성장시켜 크게 발휘하도록 함과 아울러 본래의 애니머를 압살(壓殺)하지 말고 어떻게 해서든 살려 나가는 것이 즉 애니머와 애니머스를 어떤 식으로 고루 섞어 절충해 나갈 것인가 하는 것이 오늘에서 내일을 향해 살아가는 여성에 있어서 '장래의 중요과제'라고 할 수 있습니다.

여성에게 있어서 라는 말은 즉 남성에게 있어서 라는 말이 되기도 합니다. 왜냐하면 남성은 여성이 없이는 존재할 수 없으며 여성이 안고 있는 문제는 동시에 남성에 관계되는 문제이기 때문입니다.

어쨌든 융은 애니머와 애니머스라는 용어를 가지고 '여성성'과 '남성성'이라는 것을 고찰했습니다. 이것은 후천적으로 만들어진 것이 아니라고 융은 생각하고 있습니다. 세상 사람들이 말하는 '여자다움''남자다움'이라는 '다움' 중에는 역사적, 사회적, 문화적으로 만들어진 것이 많지만 그 속에는 태어나면서부터의 것들도 있습니다. 부권제(父權制) 사회라고들 말하지만 기껏해야 수천년에 불과합니다.

양성(兩性)의 차이점을 찾아내어 밝히고 정확하게 구별하고 차별없이 각자의 가치를 이성 상호간이 인정하며 존중해 가는 것이 바람직하다――융의 생각은 바로 이런 것이 아니었나 추찰(推察)됩니다.

이상과 같이 Ⅲ과 Ⅳ에서 여러 학자들의 주장을 살펴 보았습니다만 독자인 당신은 어떤 생각을 가지고 있는지.

남자와 여자에 대하여, 남자다움·여자다움에 대하여, 남성성·여성성에 대하여 당신이 〈무엇이〉, 〈왜〉, 〈어째서〉라고 자문해 보는 한편 자신의 연애, 결혼, 가정, 인생 등을 생각하면서 연구해 보는 데 참고 자료로서 이 한 권의 책이 도움이 되어진다면 다행한 일이라고 생각합니다.

재미있고 즐거운 심리학   값 : 7,500원

초판 1쇄 인쇄 1991년 12월 24일

초판 4쇄 발행 1994년 3월 5일

개정 6쇄 발행 2000년 4월 20일

저 자 시라이시 고우이찌

역 자 박   달   규

발행인 박   경   일

한국산업훈련연구소

주 소 : 서울시 동대문구 신설동 104-30호

TEL. 2234-4174~5 FAX. 2234-6070

등 록 : 1978년 6월 24일 No. 1-256

※ 파본 및 낙장본은 바꾸어 드립니다.

ISBN   89-7019-104-6   03180